日本書紀を歩く②

葛城の神話と考古学

靍井忠義

青垣出版

はしがき

奈良県御所市の中心市街地・御所町の南から南西方向にかけて広がる平地が「秋津洲《あきつしま》」である。秋津という地名の範囲は明確でないが、我が国最古の歴史書とされる『日本書紀』にも登場し、千数百年前から息づく「古代地名」であることは間違いない。いまも、「秋津小学校」などにその名をとどめる。

南葛城地方には、千年以上にわたって生き続けてきたとみられる古代地名がひしめいている。「掖《わき》（腋《わき》）上《がみ》」は「秋津洲」とほぼ重なる地域の呼称だったようだが、少し広かったような気もする。いまは、「掖上小学校」や「ＪＲ掖上駅」にその名をとどめる。

「鴨《かも》（賀茂）」の範囲はもっと広かったのだろう。いわゆる鴨三社のうちの下鴨社の鴨都波《かもつわ》神社は秋津洲の一角にあるが、上鴨社の高鴨神社と中鴨社の葛木御歳《みとせ》神社はずっと南方にあり、地名の範囲は金剛山東麓一帯まで駆け上りそうだ。

ほかにも、玉田（手）、琴引原《ことひきのはら》、室《むろ》（牟婁）、高宮、朝妻《あさづま》（朝津間）、高尾張《たかおわり》、蛇穴《さらぎ》、茅原《ちはら》、忍海《おしみ》などの古代地名がひしめいている。東南部の巨勢《こせ》川（曽我川上流）に沿って開けた巨勢《こせ》（許勢）も忘れられない。

北葛地方に目をやれば、片岡《かたおか》、葦田《あしだ》、逢坂《おうさか》、磐杯《いわつき》、染野《そめの》、石園《い(わ)その》……。北葛城郡王寺町、香芝市、葛城市、大和高田市などに残る古代地名である。

名神《みょうじん》大社もひしめいている。名神大社は『延喜式』（平安時代初め）で最も格が高いとされる神社だが、葛城地方には七社もある。大和（奈良県）にある名神大社は全部で十四社だから、ちょうど半分が葛城地方に集中していることになる。

葛城地方には古代が満ちているのである。三輪・纒向・山辺地方に劣らぬ〝古代史の宝庫〟といっていいだろう。

『日本書紀』の記事を通して葛城地方の古代史を紹介する。神話やエピソード、さらに歴史事件の舞台を訪ね、古社や古墳、さらに、発掘調査で掘り出された遺構や遺物との関係などについて探った。
葛城は古代史に満ちていた。考古学の遺跡や遺物に満ちていた。謎に満ちていた。

二〇一八年三月

著者

目次

装幀／根本　眞一（クリエイティブ・コンセプト）
カバー写真〈表〉室宮山古墳出土の家形埴輪（橿原考古学研究所附属博物館提供）
〈裏〉田植え時の「葛城の里」

鴨都波《かもつわ》

御所町の西南部、葛城川と柳田川の合流地点に近い小字掖上に鴨都波神社がある。御所の町の鎮守。平安時代の『延喜式《えんぎしき》』神社帳には、「鴨都味波八重事代主命《かもつみはやえことしろぬしのみこと》神社二座並名神大。月次相嘗新嘗」と記され、葛上《かつじょう》郡十七社の筆頭。

事代主神は「国譲り」神話に登場する。

鴨都波神社（御所市御所）

高皇産霊尊《たかみむすびのみこと》は、経津主神《ふつぬし》と武甕槌神《たけみかづち》を葦原中国《あしはらのなかつくに》に派遣した。二はしらの神は出雲国の五十田狭《いたさ》の小汀《おば》に降臨、十握剣《とつかのつるぎ》をさかさまに地上に突き立て、切先《きっさき》の上にあぐらをかいて座り、大己貴神（『古事記』では大国主神）に国譲りを迫った。

大己貴神は「私の子に尋ねてからお答えする」と即答を拒んだ。子神の事代主神（『古事記』では八重事代主神）は、三穂《みほ》（三保）の磯で釣りを楽しんでいた。船でやってきた使者に事代主神は「天神のご命令をうけたまわりました。父神よ、どうぞこの国を献上なさいませ」と返事した。

大己貴神は二はしらの神に対し、「いま私がお譲り申し上げたら他に従わないものがありましょうか」と国譲りを承諾、広矛《ひろほこ》を献上した。

〈巻第二・神代下〉

国譲り神話の舞台は記紀ともに出雲なのだが、なぜか鴨都波には国つ神の一方の主役が鎮座するのである。もう一はしらの主役、大巳貴神はいわずと知られた三輪山の神。大和では三輪と鴨を中心に国づくりが進められたことを示唆する。国づくりとはいうまでもなく農地開拓＝水田づくりである。

鴨都波神社の周辺は、大規模な弥生時代の拠点集落遺跡であることが知られる。「鴨都波遺跡」と呼ばれる。昭和二十八年から継続的に発掘調査が行われ、唐古《からこ》・鍵《かぎ》遺跡（田原本町）、新沢《にいざわ》・一《かず》遺跡（橿原市）と並ぶ奈良県

鴨都波

下屈指の弥生時代遺跡とされ続けてきた。

発掘調査では高床式建物遺構のほか大量の土器、石器、木器などが出土している。木器には、鍬、鋤、槌、竪臼など、弥生時代の稲作農耕のようすがよくうかがい知れる遺物が多数見られた。国つ神たちの国造りをほうふつさせる遺物といってもいいかも知れない。

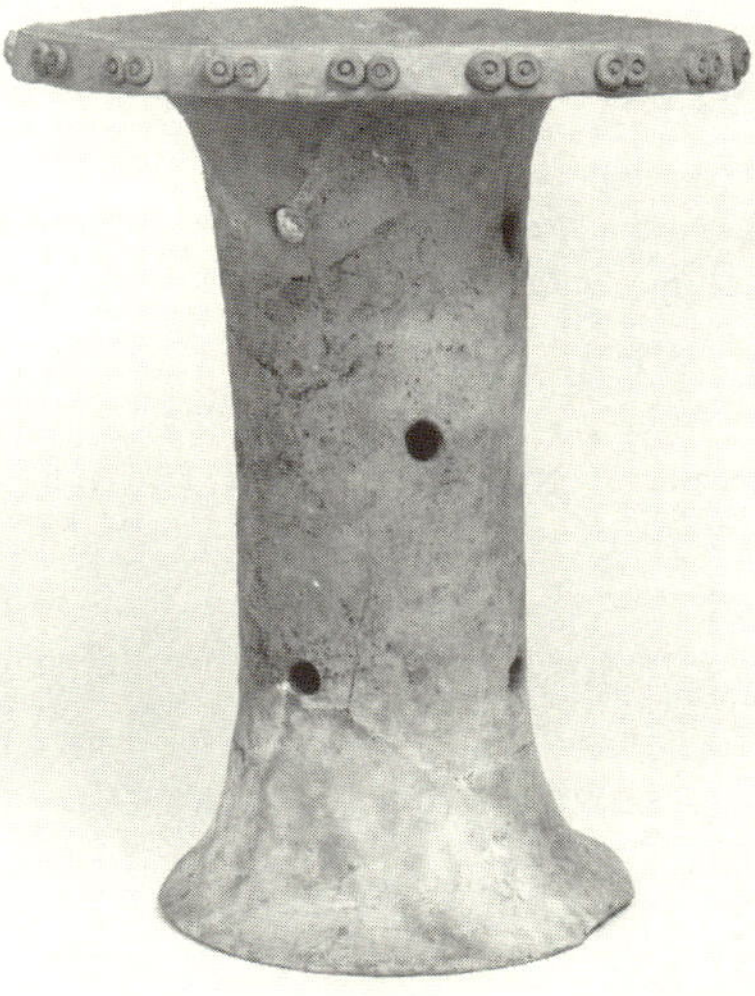
鴨都波遺跡出土の弥生式土器器台
（橿原考古学研究所附属博物館提供）

鴨都波遺跡 11 次調査で出土した弥生時代の
土器群（土坑１０）（御所市教育委員会提供）

平成十二年（二〇〇〇）、鴨都波《かもつは》遺跡の一角、病院増築予定地から南北約一九メートル、東西約一四メートルの小さな方墳（鴨都波1号墳）が見つかり、盗掘を受けていなかった埋葬主体部から、三角縁神獣鏡《さんかくぶちしんじゅうきょう》四枚、鉄製の短甲、刀剣などが出土した。小さな古墳から四枚もの三角縁神獣鏡がまとまって出土したことが注目され、現地説明会には五千人近い人々が訪れた。

三角縁神獣鏡は、全国で五百枚以上出土している。ただ、各地域でも目立つ存在のれっきと

鴨都波１号墳の粘土槨（御所市教育委員会提供）

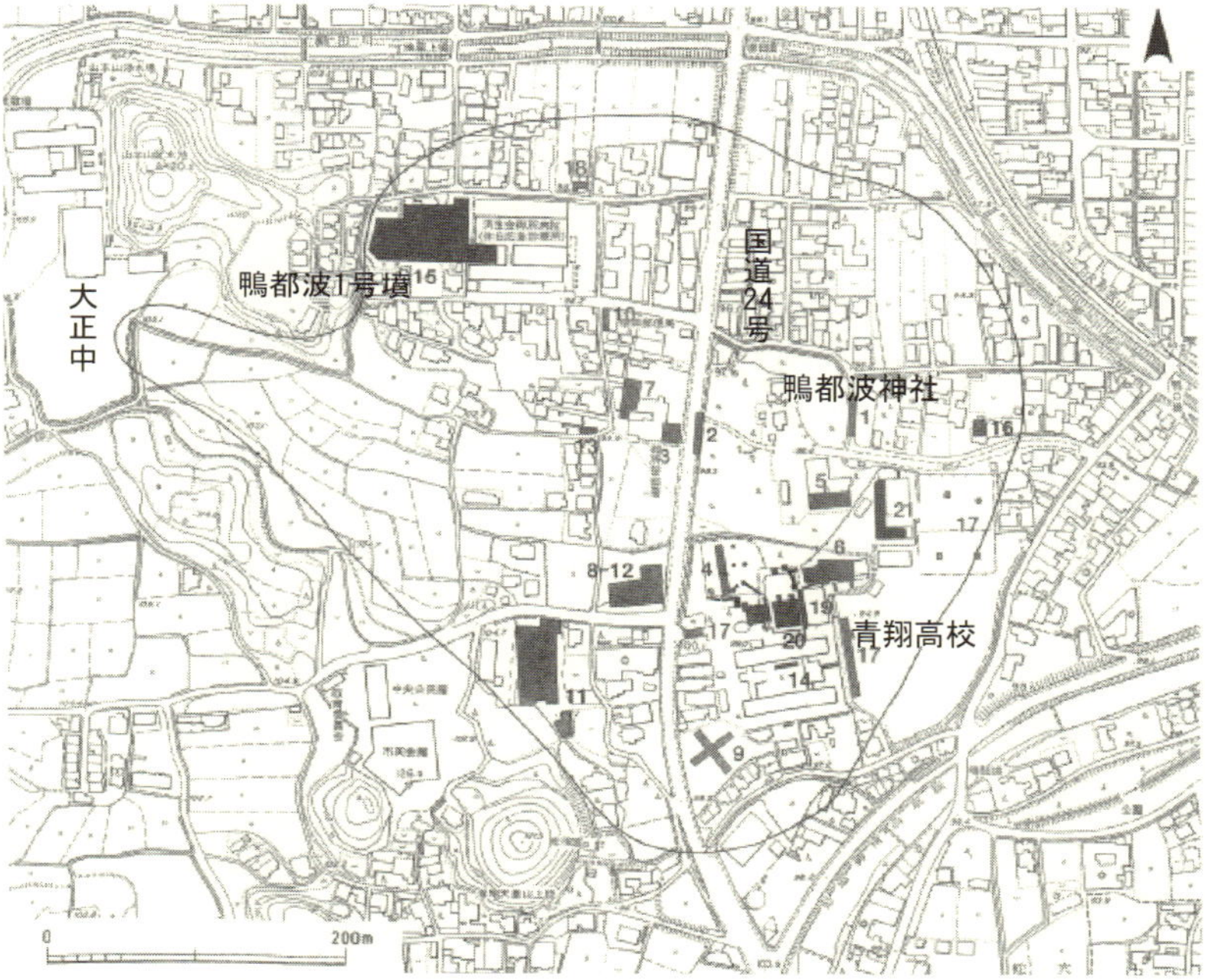

鴨都波遺跡　調査位置図（橿原考古学研究所編『葛城氏の実像』より）

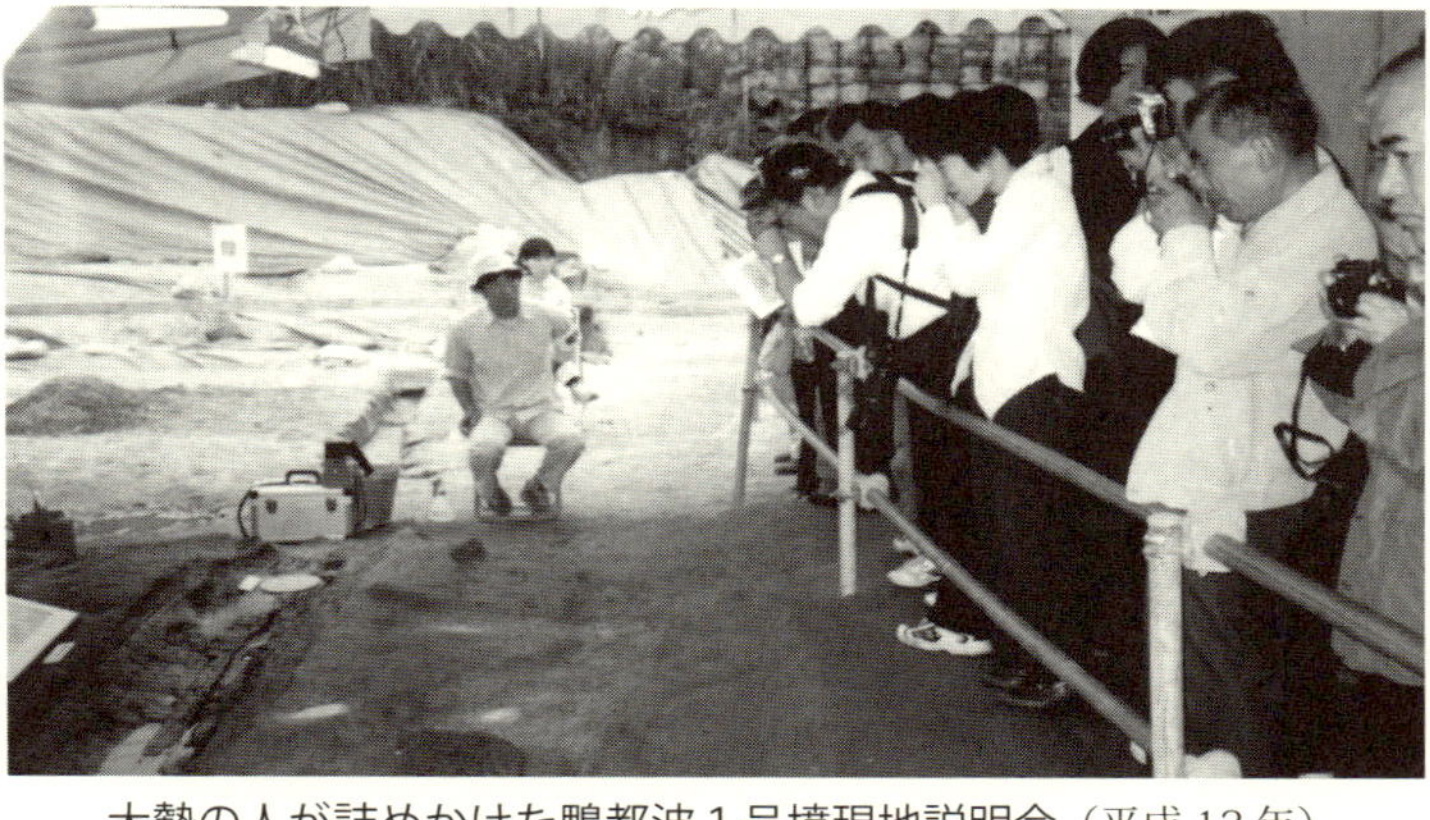

大勢の人が詰めかけた鴨都波１号墳現地説明会（平成 12 年）

した前方後円墳から出土するのが普通。それが、邪馬台国の卑弥呼か、あるいは大和朝廷

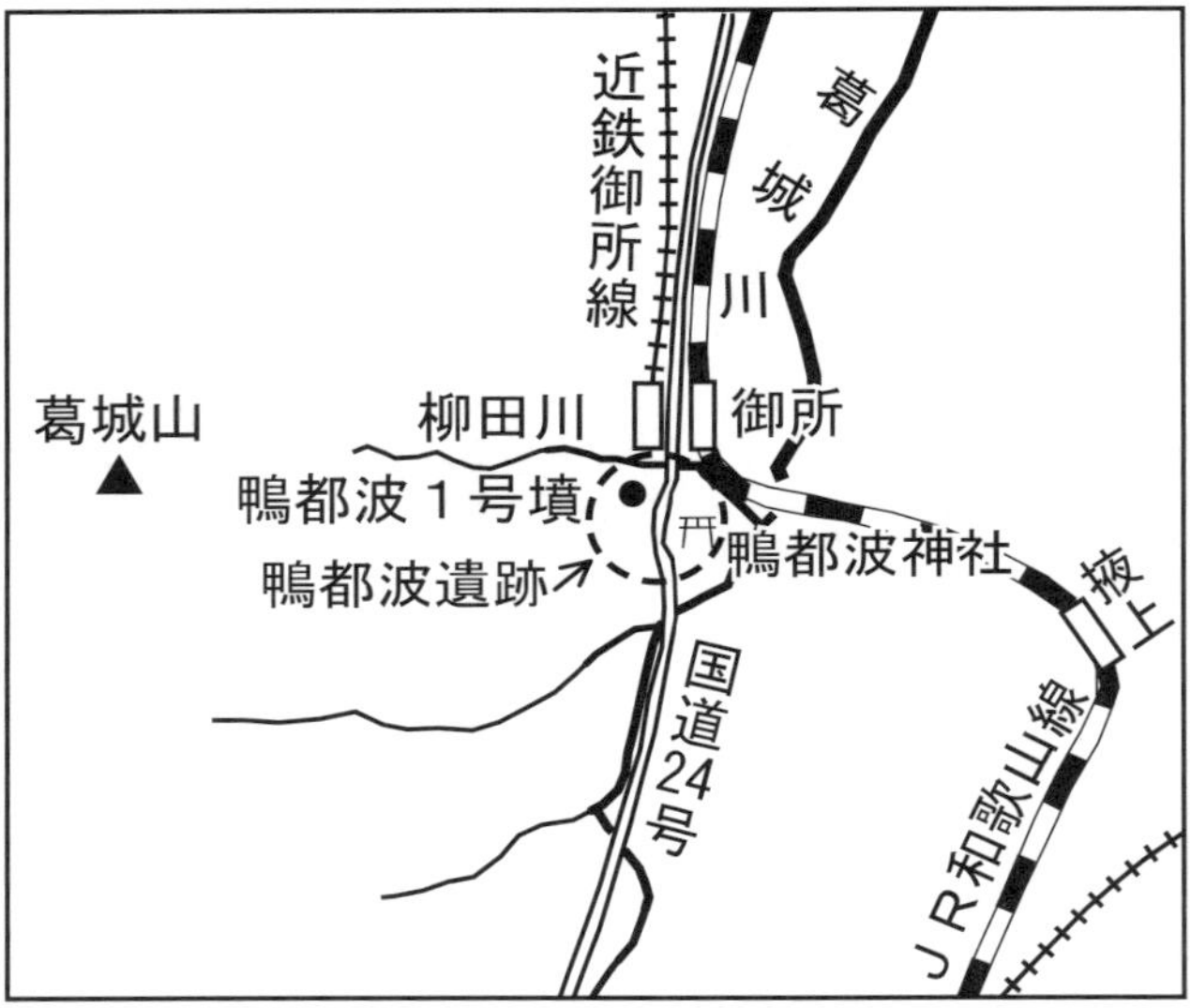

が、服属した豪族らに配布したとする考え方の根拠になってきた。

それが、鴨都波1号墳から四枚も出土したことで「どうしてこんな小さな古墳から？」と疑問を呼んだ。一方で、「身分は低くとも、中央権力に直結していた人物だったから四枚も所持できたのだろう」と、大和の特異性をみる見解も出た。三角縁神獣鏡論争に一石を投じる発掘となった。

古墳の築造時期は四世紀中葉。邪馬台国の時代とは百年も離れていた。調査担当者らは、「被葬者は、葛城氏の前身勢力の首長」との見解をとった。

神話伝承、弥生遺跡、そして三角縁神獣鏡が重なる鴨都波のシンフォニーはともかくも古いのである。

鴨の神々

高鴨神社（御所市鴨神）

鴨都波神社は鴨の宮とも呼ばれる。葛木鴨社、加茂明神、下鴨社とも俗称される。社伝では祭神を八重事代主神と下照姫として、鴨のつく神は見当たらないが、地元ではあくまで鴨神の社なのである。

御所市内に鴨社は三社ある。御所町の鴨都波神社は下鴨社、金剛山の東麓、標高二八〇メートルの高地にある高鴨神社（御所市鴨神）は高鴨社、そして、二社の中間といえる御所市東持田にある葛木御歳《みとせ》神社が中鴨社。

高鴨神社は南面するが東南の方向が開け、宇智、吉野の山が眺望でき

葛木御歳神社（御所市東持田）

る景勝の地にある。『延喜式』神名帳の葛上郡に「高鴨阿治須岐託彦根命神社四座並名神大。月次相嘗新嘗」と出る。主神は味鉏高彦根神《あじすたかひこね》。大国主神《おおくにぬし》の子神である。他の三神はさまざまな解釈もあってよく分かっていない。

葛木御歳神社は宇智郡（五條市）に至る古道沿いにある。『延喜式』神名帳には「葛木御歳神社名神大。月次新嘗」。主祭神は御歳《みとせ》神。大歳神の子で須佐之男命《すさのおのみこと》の孫神。「御歳」は「御稔」のことといわれすべての穀物を司る神とされた。

『古語拾遺』（平安時代）に次のような説話が載る。

「神代の昔、大物主神が、田人たちに牛の肉を食べさせた。御歳神の子が様子を見て帰り父神に報告、御歳神は大いに怒ってその地

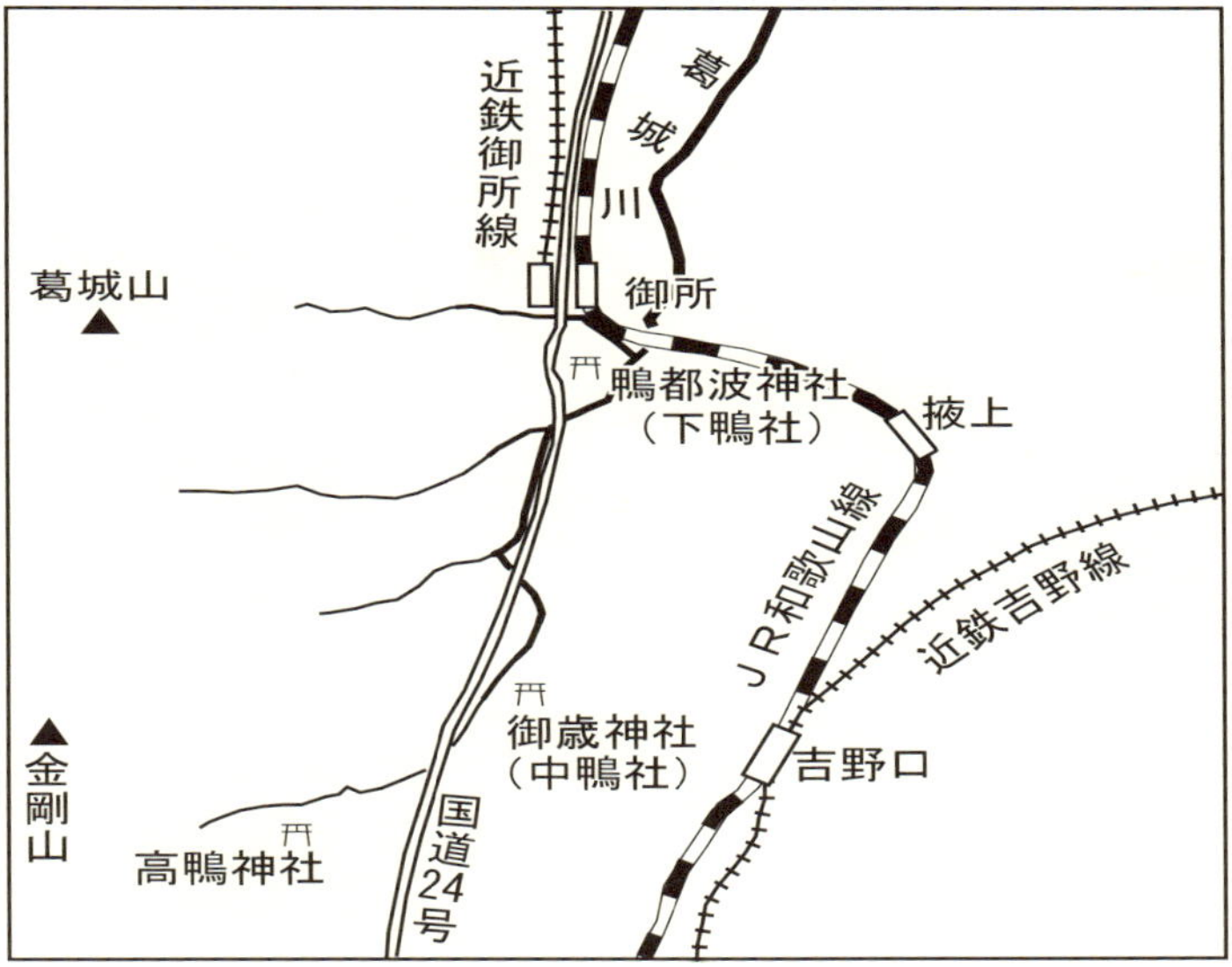

に蝗《いなご》を放った。稲はたちまち枯れた。御歳神の祟りを恐れて白猪、白馬、白鶏を献じると怒りは解け、稲は豊かに稔るようになった」

御歳神は稔《みのり》を司る神であることをアピールするエピソードである。

神武東征伝承には、紀伊半島を迂回して熊野へ上陸した神武天皇軍を道案内したという八咫烏《やたがらす》が登場する。八咫烏は三本足のカラス、日本サッカー協会のシンボルマークになっており、いまではすっかり有名だ。

『新選姓氏録』によるとその八咫烏は賀茂《かもの》建角身命《たけつぬみのみこと》の化身だった、とする。建角身命は天照大神の命で日向の曾《そ》の峰に天降った後、葛木山（金剛山）に移っていたのだという。

賀茂建角身命は京都・下鴨神社（賀茂御祖

賀茂別雷神社（上賀茂社）
＝京都市北区上賀茂本山＝

鴨川（瀬見の小川）＝京都市＝

神社）の祭神。平安京を開いた桓武天皇が上賀茂神社とともに厚く崇敬したといわれ、伊勢神宮に次ぐ格式の名社として有名。葵祭は京都を代表する祭りだ。

『山城国風土記』は、大和の葛木山の峯にいた賀茂建角身命《かものたけつぬのみこと》が移り住み、生まれた玉《たま》依姫《よりひめ》が「瀬見の小川」（賀茂川）で遊んでいるとき、上流から流れてきた丹塗りの矢を拾い上げて床に置いたところ懐妊、生まれた子が賀茂別雷命《かものわけいかづちのみこと》で、上賀茂神社の祭神になった、というような伝説も伝える。

鴨族は全国に散らばった。「鴨」「加茂」「賀茂」などの地名は各地に伝わる。その鴨族の故地は、上鴨、中鴨、下鴨の鴨三社が現存する御所市域だったことは間違いないようだ。

「鴨族の御所」をもっと見直し、もっと全国にアピールすべきだろう。

八咫烏神社（宇陀市榛原区高塚）にある３本足のヤタガラスの像。日本サッカーのシンボルでもある

高天《たかま》

　むかし、天と地がまだ分かれず、陰陽が分かれていなかったとき、世界は鶏卵のように混沌としていた。やがて澄んだものが天となり、重く濁ったものが地となった。国常立尊《くにとこたちのみこと》などの神が次々と生まれた。伊弉諾尊《いざなぎのみこと》と伊弉冉尊《いざなみのみこと》が生まれた。伊弉諾尊と伊弉冉尊は天浮橋から海部の天之瓊矛《あまのぬぼこ》を下してかき回した。したたり落ちた潮水が固まってオノゴロ島ができた。二神は夫婦のちぎりを交わした。淡路島、本州、四国、九州などが次々と生まれた。

　伊弉諾尊は亡くなった伊弉冉尊を追って黄泉国《よもつくに》に行った。伊弉冉尊の遺骸の醜い姿に驚き、逃げ出した。みそぎをした。左の目を洗うと天照大神《あまてらすおおみかみ》、右の目を洗うと月読命《つくよみのみこと》、鼻を洗うと素戔嗚尊《すさのおのみこと》が生まれた。天照大神は高天原《たかまがはら》、月読命は青海原、素戔嗚尊は天下《あめのした》を治めることになった。

　素戔嗚尊は、田の畔《あぜ》を壊すなど乱暴をはたらいた。怒った天照大神は天岩窟《あまいわや》に隠れてしまった。世は真っ暗闇に。諸神が知恵をしぼってやっと石窟から引き出したが、神々の非難は尊に集中する。

　高天原を追放された素戔嗚尊は、出雲国

の簸《ひ》の川の川上で八岐大蛇《やまたのおろち》を退治する。乱暴者は「正義の味方」に変わり、救《たす》けた奇稲田姫《くしいなだひめ》とめでたく結婚。大己貴神《おおなむちのかみ》（大国主神、大物主神）が生まれ、少彦名命《すくなびこなのみこと》とちからを合わせ、葦原中国《あしはらのなかつくに》の国作りに励む。

高天原では、皇祖、高皇産霊尊《たかみむすびのみこと》が、自らの孫であり、天照大神の孫にもあたる天津彦彦火瓊瓊杵尊《あまつひこひこほのににぎのみこと》を地上に降ろし、葦原中国を統治させようと考えた。

試しに、天穂日命《あまのほひのみこと》、天稚彦《あめのわかひこ》らを派遣した。しかし、いずれも大己貴神におもねるなどして失敗。そこで、経津主神《ふつぬしのかみ》と武甕槌神《たけみかづちのかみ》を派遣。両神は地上にさかさまに突き立てた十握剣《とつかのつるぎ》の切先の上に座り、「国を譲るか、どうか」と談判する。大己貴神は、子神の事代主神《ことしろぬしのかみ》の意見を聞いた上で承諾した。

美しい田園風景が広がる高天ヶ原伝承地（御所市高天）

高天付近から大和盆地を見下ろす

こうして、瓊瓊杵尊は真床追衾《まとこおうふすま》（神聖なふとん）にくるまり、天八重雲《あまのやえたなぐも》を押し分け、日向の襲の高千穂峯に降り立った。

〈巻第一・神代上〉
〈巻第二・神代下〉

「天地創造」から「国譲り」を経て、「天孫降臨」に至る神代神話である。その舞台は高天原だった。一連の物語は、とうてい、そのまま信じられるものではないが、金剛山の中腹、標高四五〇メートルにある御所市高天台地がこの高天原の伝承地。

台地には十軒ほどの人家があり、周囲には田畑が広がる。眼下に大和平野、かなたには吉野の山々も見渡せる。

集落の南はずれに高天彦神社がある。険し

い山を背に、三間社神明造の社殿が建ち、参道の両脇《わき》には直径二メートル近い杉の老木が並ぶ。『延喜式』記載の名神大社。祭神は現在、高皇産霊尊、市杵島媛尊らとされる。しかし、社名通り高天彦神を祭ると考えていいだろう。古くは、金剛山を高天山と称していたことがあるという。背後の白雲峯（六九四メートル）を神体とする、ともいう。

鳥越憲三郎氏は、その著書『神々と天皇の間』（朝日新聞社）で、高天の台地を「葛城の本拠地で、葛城王朝の発祥地」と主張した。

鳥越氏のいわゆる「葛城王朝論」によると、弥生時代中期ごろ、葛城山のふもとに事代主

高天彦神社（御所市北窪）

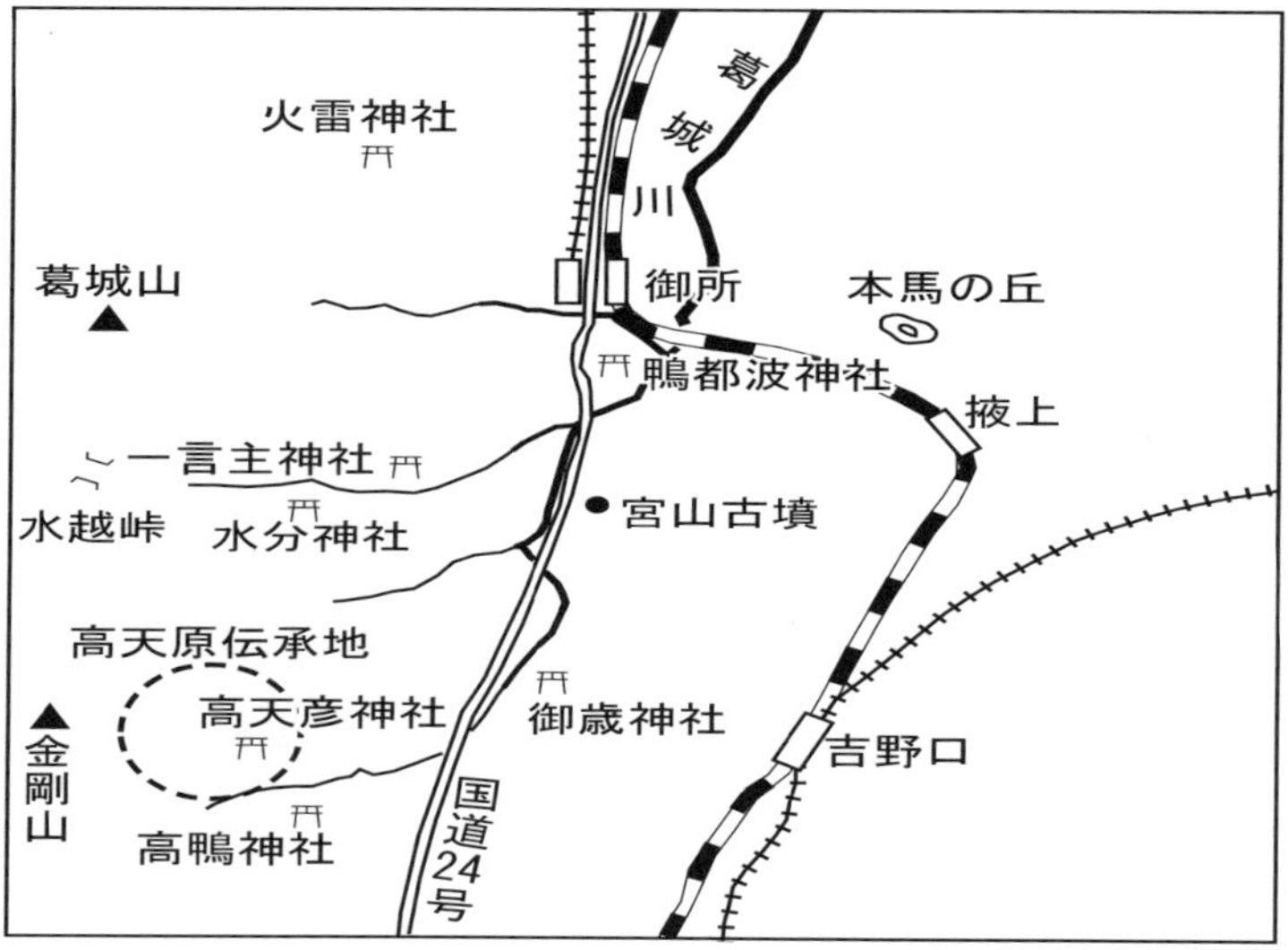

神を祀る鴨族がいた。鴨都波神社周辺の御所市北部一帯の沃地である。一方、その南方、金剛山麓《ろく》の丘陵地には、畑作と狩猟に生き、高皇産霊神を祀る葛城族がいた。やがて、葛城族が鴨族から土地を譲り受け、平地に下って水稲農業を始め、葛城王朝を樹立、鴨族を支配するようになった。また、大和朝廷に成長していった。そこで、発祥の地の高天の台地を遠い記憶にある神々が集まった場所と考え、「高天原」と呼んだ。

神話が渦巻く別天地である

嗛間丘《ほほまのおか》（本馬の丘）

国譲りを経て、高皇産霊尊《たかみむすびのみこと》は、皇孫瓊瓊杵尊《ににぎのみこと》を真床追衾《まとこおうふすま》にくるんで日向《ひゅうが》の襲《そ》の高千穂峯《たかちほのみね》に降臨させた。

瓊瓊杵尊《ににぎのみこと》はやがて笠狭碕《かささのみさき》で木花之開耶姫《このはなのさくやひめ》に出会い、海幸《うみさち》と山幸が生まれる。山幸は釣り針をなくしていじめられたりするが、海神の娘の豊玉姫に出会う。二人の間に生まれた子が鸕鷀草葺不合尊《うがやふきあえずのみこと》。この尊がやはり海神の娘の玉依姫《たまよりひめ》を妃とし、彦火火出見尊《ひこほほでみのみこと》（神日本磐余彦尊《かむやまといわれびこのみこと》、のちの神武天皇）が生まれた。海を舞台に展開する「日向三代」のロマンあふれる物語である。

神武は四十五歳のとき、

「東の方に美しい国があると聞く。青山が四国をめぐっていると聞く。そこは国の中心で、統治に好都合に違いない。そこへ行って都を宮もう」

と決意した。

諸皇子たちも賛成、神武の船団は瀬戸内海を東上し、河内国（大阪府）の草香邑《くさかのむら》に至る。胆駒《いこま》（生駒）やまを越えて大和に入ろうとしたが、長髄彦《ながすねひこ》の抵抗に苦戦。そこで

「日の神の子孫が日に向かって敵を討つこ

とは天の道にそむく」
と紀伊半島を熊野に迂回。荒坂津《あらさかのつ》（丹敷浦）に上陸し、八咫烏《やたがらす》の先導で険しい吉の山中を進み、菟田《うだ》（宇陀）の穿邑《うかちむら》に入った。

神武東征の図。金の鵄《とび》が神武天皇の弓に止まった場面（交盛館発行『尋常小學國史附図』より）

菟田にしばらく滞在した後、大和盆地に下り、次々と先住勢を討った。あるいは服従させた。

忍坂邑《おしさかのむら》（桜井市忍坂が伝承地）では、室《むろ》を掘って饗宴を開き、敵兵を油断させて破った。磐余《いわれ》（桜井市南部から橿原市東部の丘陵地帯）を本拠にしていた弟磯城《おとしき》は帰順、兄磯城《えしき》も大兵力ではさみうちにして滅ぼした。層富県《そほのあがた》（添上・添下郡地方とされる）、和珥《わに》（天理市北部から奈良市方面）の坂下《さかもと》、長柄（御所市名柄付近とされる）の丘岬《おかさき》、高尾張邑（御所市南部か）などにいた勢力も次々と討った。

最も手こずったのは、長髄彦だった。長髄彦は天磐船《あまのいわふね》に乗って先に天降った天神《あまつかみ》の子、饒速日命《にぎはやひのみこと》に仕えていた。

畝傍山と橿原神宮。「橿原宮」の伝承地に建つ

神武軍と長髄彦は連戦を重ねたが、神武軍は決定的な勝利を得ることができないでいた。すると、突然天がかき曇り、ヒョウが降り、金色の鵄《とび》が飛んできて、天皇（神日本磐余彦）の弓に止まった。鵄の光は稲妻《いなづま》のようで、長髄彦の兵はみな目がくらんで戦えなくなった。この地を鵄邑《とびむろ》と名付けた。いまは鳥見という——。

　こうして大和を平定した神武天皇は「皇孫の統治の精神を広めよう。国の中を一つにして都をひらき、八紘《あめのした》をおおって宇《いえ》としたい。あの畝傍山の東南の橿原の地は、けだし国の最中《もなか》。ここに都をつくろう」。

　すぐ宮殿の造営を始めた。また、媛蹈鞴《ひめたたら》五十鈴《いすず》媛命《ひめのみこと》を正妃とした。そして辛酉《かのととり》の年の春正月の庚辰《かのえたつ》の日、橿原神宮で即位、神日本磐余彦火火出見天皇《かむやまといわれびこほほでみのすめらみこと》となった。始《はつ》馭天下之天皇《くにしらすすめらみこと》とも称する。

〈巻第二・神代下〉
〈巻第三・神武天皇〉

橿原宮で即位して三十一年後、神武天皇は掖上《わきがみ》の嗛間丘《ほほまのおか》に登って国見、「何とすばらしいことだ国を得たことは。狭い国ではあるが、ちょうど蜻蛉《あきつ》（トンボ）がつがった形のようだ」と言った。これより日本国号の一つ、秋津洲《あきつしま》の名が生まれた――と『日本書紀』にある。

御所市に「本馬の丘」がある。標高一四三メートルの独立丘。『書紀』の「嗛間丘」と伝承する。「ホホマ」が「ホンマ」になまったのだという。大和平野がはるかに見渡せ、国見にはうってつけの丘だ。「蜻蛉がつがった形」は、金剛

腋上《わきがみ》の嗛間丘《ほほまのおか》と伝える本馬丘

嗛間丘

金剛・葛城山をバックに広がる秋津洲。最近、京奈和自動車道が貫通した（本馬の丘近くから）

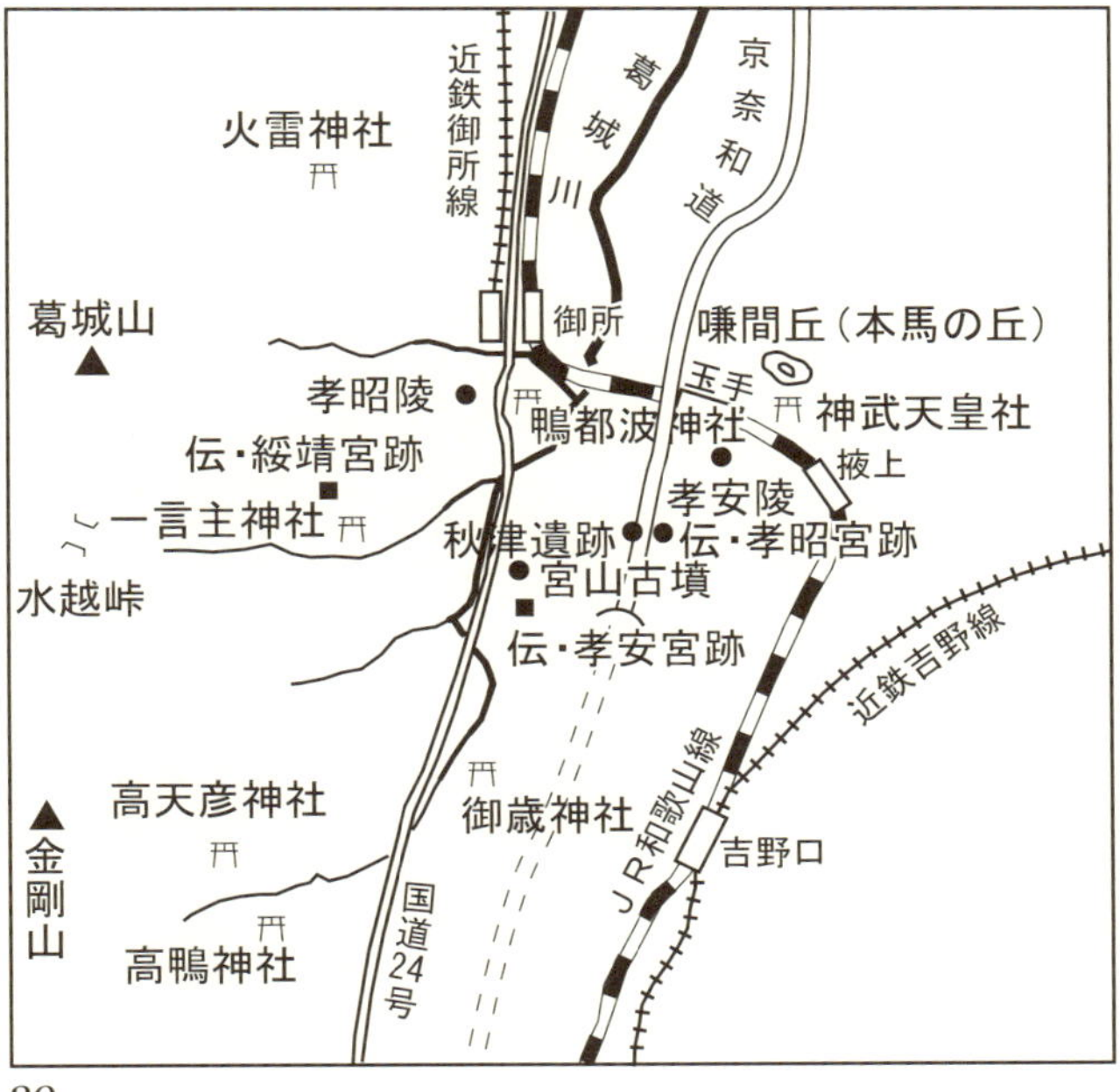

山と葛城山の姿から連想したと伝える。水越峠のあたりが低くなり、二匹のトンボの尻尾

が重なり合うように見える。

丘のすぐ東側には、橿原市と御所市、かつての高市郡と南葛城郡を分ける曽我川が流れ、「郡界橋」が架かる。すぐ南側の集落の中に神武天皇社がある。付近一帯の御所市柏原には、「神武天皇が即位したカシハラは橿原ではなく本当はこちらの柏原だった」との言い伝えが古くからある。

神武天皇社（御所市柏原）

本馬の丘からちょうど金剛・葛城山を見やる方向の秋津の盆地の真ん中を最近、高架道路の京奈和自動車道が貫通した。神武の「国見の風景」は台無しである。

秋津洲《あきつしま》

嗛間丘《ほほまのおか》（本馬丘）で国見をした神武天皇が丘の西南方に連なる金剛山と葛城山の姿から「蜻蛉《とんぼ》がつがった形」を連想して「秋津洲」の地名が生まれた、と伝えることはすでに書いた。繁殖は農作物に通じる。「アキツシマ」は豊かな稔《みの》りのある土地を意味する。金剛・葛城山をバックに広がる御所市北部の平地こそ「秋津洲」の伝承地。かつての南葛城郡秋

秋津洲。金剛・葛城山をバックに豊かな水田が広がる

「闕史八代」の宮居と御陵

天皇	宮居	御陵
②綏靖	☆葛城の高丘宮	桃花鳥田丘上《つきだのおかのうへ》陵
③安寧	☆片塩の浮孔宮《うきあな》	御陰井上《みほといのへ》陵
④懿徳	軽の曲峡《まがりお》宮	繊沙谿上《まなごだにのへ》陵
⑤孝昭	☆掖上の池心《いけごころ》宮	☆掖上の博多山上陵
⑥孝安	☆室の秋津嶋宮	☆玉手丘上陵
⑦孝霊	黒田の廬戸《いおりど》宮	☆片丘の馬坂陵
⑧孝元	軽の境原宮	剣池嶋上陵
⑨開化	春日の率川《いさかわ》宮	春日の率川坂本陵

☆比定地・推定地が葛城地方にある

津村の地域で、いまも「秋津小学校」などにその名をとどめる。

神武天皇は百二十七歳でこの世を去った。続いて、綏靖《すいぜい》、安寧《あんねい》、懿徳《いとく》、孝昭《こうしょう》、孝安《こうあん》、孝《こう》霊《れい》、孝元《こうげん》、開化《かいか》の各天皇が順次皇位についた。ただ『日本書紀』は、この八代については、各天皇の諡名《おくりな》、宮居、母の名、后の名、子の名、御陵などを記すだけ。事跡にはほとんど触れない。このため「闕史《けつし》八代」とも呼ばれる。

八代天皇の宮居、御陵は別表の通り伝承する。

六代・孝安天皇室秋津嶋宮跡の伝承地。
室大墓の麓にある（御所市室）

宮居についてみると、二代・綏靖の「葛城の高丘宮」は御所市森脇の一言主《ひとことぬし》神社付近に、三代・安寧の「片塩の浮孔《うきあな》宮」は大和高田市片塩町、近鉄高田市駅北側の石園坐多久《いわそのにいますたく》豆玉《つたま》神社付近が伝承地。五代・孝昭の「掖上《わきがみ》の池心《いけごころ》宮」は御所市池之内、六代・孝安の「室《むろ》の秋津嶋宮」は同市室が伝承地。「池心宮」は池之内の集落の北はずれの畑の中に、「秋津嶋宮」は、全長二三八㍍の御所地方最大の前方後円墳、宮山古墳（五世紀＝室の大墓）の東にある八幡神社境内に、伝承地を示す石碑がひっそりと立つ。

実に、八代のうち四代の天皇の皇居が秋津洲などの葛城地方にあったように伝承するのである。

御陵についてみると、五代・孝昭は御所市三室に、六代・孝安は御所市玉手に比定されている。七代・孝霊も北葛城郡王寺町本町に比定され、葛城地方にある。

こうした天皇陵や宮居跡は、ほとんど幕末から明治にかけて治定されたもので、もとより頭から信じるわけにはいかない。それどころか、この八代は実在した可能性がまずない天皇といえる。ただ、神武に続く天皇らの〝本拠〟を何代にもわたってある一定地域に記録した、という事実はある。その一定地域が秋津洲であり、葛城。どのような事情からそうなっているのだろうか。

五代・孝昭天皇の掖上博多山上陵《わきがみのはかたのやまのうえ》
（御所市三室）

八代の天皇は、宮居、御陵だけでなく、婚姻《いん》や血縁関係でも秋津洲や葛城と深いつながりをみせる。神武の皇后で綏靖の母、媛蹈鞴《ひめたたら》五十鈴《いすず》媛命《ひめのみこと》は事代主神の娘だった。綏靖の皇后で安寧の母となる五十鈴依姫はその妹。また、安寧の后で懿徳の母、渟《ぬ》名《な》底仲媛命《そこなかつひめのみこと》は、「事代主の孫の鴨王の娘」とされる。事代主は鴨都波神社の祭神であり、まさに「秋津洲の神」だった。

古代史学者の鳥越憲三郎氏は、大和朝廷（三輪王朝）に先立つ「葛城王朝」論を展開した。真偽はともかく、秋津洲を含む葛城地方は、初期大和政権発生にかかわる何か特別な意味を持つ土地柄であったことは間違いなさそうだ。

秋津の盆地の真ん中を縦断した京奈和自動車道建設に伴う発掘調査ではさまざまな発見があった。その中でも特に注目されたのは、秋津遺跡（御所市池之内）の方形区画施設だった。四世紀前半の遺構で六基見つかったが、前例のない施設だった。

見つかった方形区画施設のうち一番大きなものは東西約五〇メートル以上。南北約五〇メートル以上の規模で、囲いの垣は、素掘り溝に杭を打ち並べ、一定間隔で両脇に二本一対の柱を据えて垣を支える構造。これも、発掘例のないものだった。囲いの内側には七メートル×一〇メートルの大型の建物が存在したらしい。

囲いの出入り口はクランク状に屈折する。もしかすると古墳などから出土する「囲形埴輪《かこいがたはにわ》」の実物モデルかともいわれたりしている。周辺から生活臭のある遺物は出土せず、祭祀か政治に関係する遺構との見方が強い。

秋津洲を中心とする御所市方面に葛城氏が隆盛するのは、葛城襲津彦が被葬者かとされる室宮山《むろのみややま》古墳の存在などから古墳時代中期、五世紀ごろと推定される。それに対して、方形区画施設は百年ほども遡る四世紀前半、葛城氏に関係する遺構とは考えられないのである。前身勢力のものとすると事代主に関係する遺構か、鴨氏に関係する遺構ということになる。あるいは初期ヤマト王権に関係する遺構なのか、大きな謎を秘める。

秋津遺跡で検出された方形区画施設
（御所市池之内、2009 年、橿原考古学研究所提供）

コラム　中西遺跡の弥生水田

秋津遺跡の南側に隣接する中西遺跡（御所市室）は京奈和自動車道建設に伴って事前調査された。二〇一一年十一月、橿原考古学研究所が開いた現地説明会に訪れた人たちは、まるで蜂の巣のように小さな田圃がびっしり造営された一万平方メートルの水田遺構に目を見張った。

水田遺構は、高さ五センチほどの畦畔が残っていて、確認された。南西から北東方向に延びる丘陵地（ゆるやかな傾斜の尾根状地形）に、すき間なく、びっしり造成されていた。丘陵のタテ方向に、幅三メートルほどの帯状地割が幾条にも延び（三〇条以上確認できた）、それぞれの帯状地割を小畦畔で区画していた。一枚の田圃はだいたい長方形で、三×四メートルくらいのものが多かった。中には三×一〇メートル程の細長い田圃も見受けられた。

公開された約一万平方メートルで、区画の数（田圃の枚数）はおよそ八五〇区画（枚）。同

弥生時代の水田遺構がびっしり。中西遺跡の現地説明会
（2011 年 11 月）

個々の田圃は小さかった。畦畔がくっきり残っていた。

コラム　中西遺跡の弥生水田

遺跡では、前年までの調査でも同時期の水田遺構が多数検出されており、合計すると二万平方メートル以上に及んだ。田圃は一七〇〇枚以上になる。それぞれの水田区画は、隣の区画と必ず高さ（レベル）が微妙に異なり、懸け渡し方式で、実に合理的に水が各区画に行き渡るようになっていた。水口の痕跡が残る畦畔も多数あった。水路もあったが、導水路というより排水路としての機能が重視されたようにみえた。

　弥生時代前期まで遡る水田の発掘例は多くない。橿原考古学研究所によると、滋賀県の服部遺跡、大阪府の池島・福万寺遺跡、橿原市の萩之本遺跡などで知られるが、これほど大規模に検出された例はないという。

　弥生時代前期の水田遺構は、中西遺跡内に限らず付近一帯に広がっていたことは確実。その付近一帯は、大和平野南端部に位置し、南葛城郡の旧秋津村にあたる。いまもみるからに肥沃そうな良田が広がり、記紀の「神武東征」説話に登場する豊かな稔りのある土地―秋津洲《あきつしま》の伝承地である。

　第五代・孝昭《こうしょう》天皇の「掖上《わきがみ》の池心《いけごころ》宮」や第六代・考安《こうあん》天皇の「室《むろ》の秋津嶋《あきつしま》宮」の伝承地も程近い。神武天皇も讃嘆した豊かな土地、先進的な稲作地帯だったことをうかがわせる遺構といっていいだろう。

葛城氏の始祖を葬る
室大墓《むろのおおはか》

御所市室《むろ》の室大墓《むろのおおはか》（室宮山《むろのみややま》古墳）は全長二三八メートルの巨大前方後円墳である。南葛城地域で最大規模、秋津洲《あきつしま》に君臨した強大な権力者を葬ったと推測するのが最もふさわしい。

武内宿祢像（明治22年発行の壱円札より）

室宮山古墳（室大墓）。背後に金剛山（御所市室）

被葬者は、神功皇后などに仕え、三百歳ぐ

らいまで生きたとされる伝説の将軍、武内《たけうちの》宿祢《すくね》と伝えられてきた。葛城氏はもちろん、紀氏、平群氏、巨勢氏、蘇我氏、波多氏などの祖先とも伝える大人物である。しかし、今日では、武内宿祢の実在を疑う考え方も多く、その子で葛城氏の祖となったされる葛城襲津彦《そつひこ》の墓との見方が有力だ。

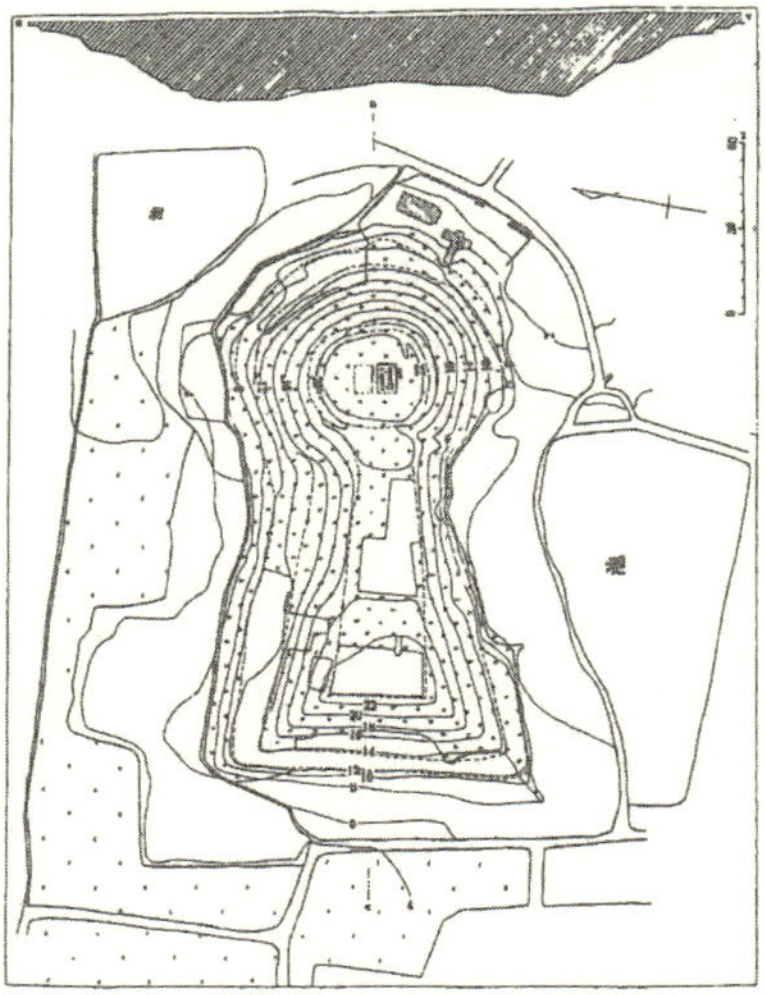

室宮山古墳墳丘測量図（橿原考古学研究所附属博物館編『葛城氏の実像』より）

葛襲津彦は、神功皇后紀に、新羅を討つために派遣された人物として登場する。この記事には、「沙至比跪《さちひこ》を派遣した」とする『百済記』の記事を併載し、襲津彦と沙至比跪は同一人物であることが分かる。このあたりの『日本書紀』の記述は伝説的要素が強く、うっかりうのみにすることはできないが、ソツヒコ＝サチヒコについてはかなり信ぴょう性は高く、実在性も高いとみていい。

書紀の「百済記」によると、沙至比跪は新羅から贈られた美女二人にかどわかされて反逆、加羅《から》国を討つなどして天皇の大きな怒りをかったという。しかし、襲津彦はここで失脚したわけではないようで、応神天皇紀では弓月君《ゆづきのきみ》らの百済からの渡来に大きな役割を果たす。

室宮山古墳は、相和二十五年（一九五〇）、盗掘を受けたのをきっかけに、後円部墳頂が発掘調査され、豪華な長持形石棺を収めた竪穴式石室が見つかった。各辺に二個ずつ、計八個の縄掛突起がある長持形石棺は兵庫県加

室宮山古墳竪穴式石室と長持形石棺
（橿原考古学研究所提供）

家形、盾形、鞍形などの見事な形象埴輪
（橿原考古学研究所附属博物館提供）

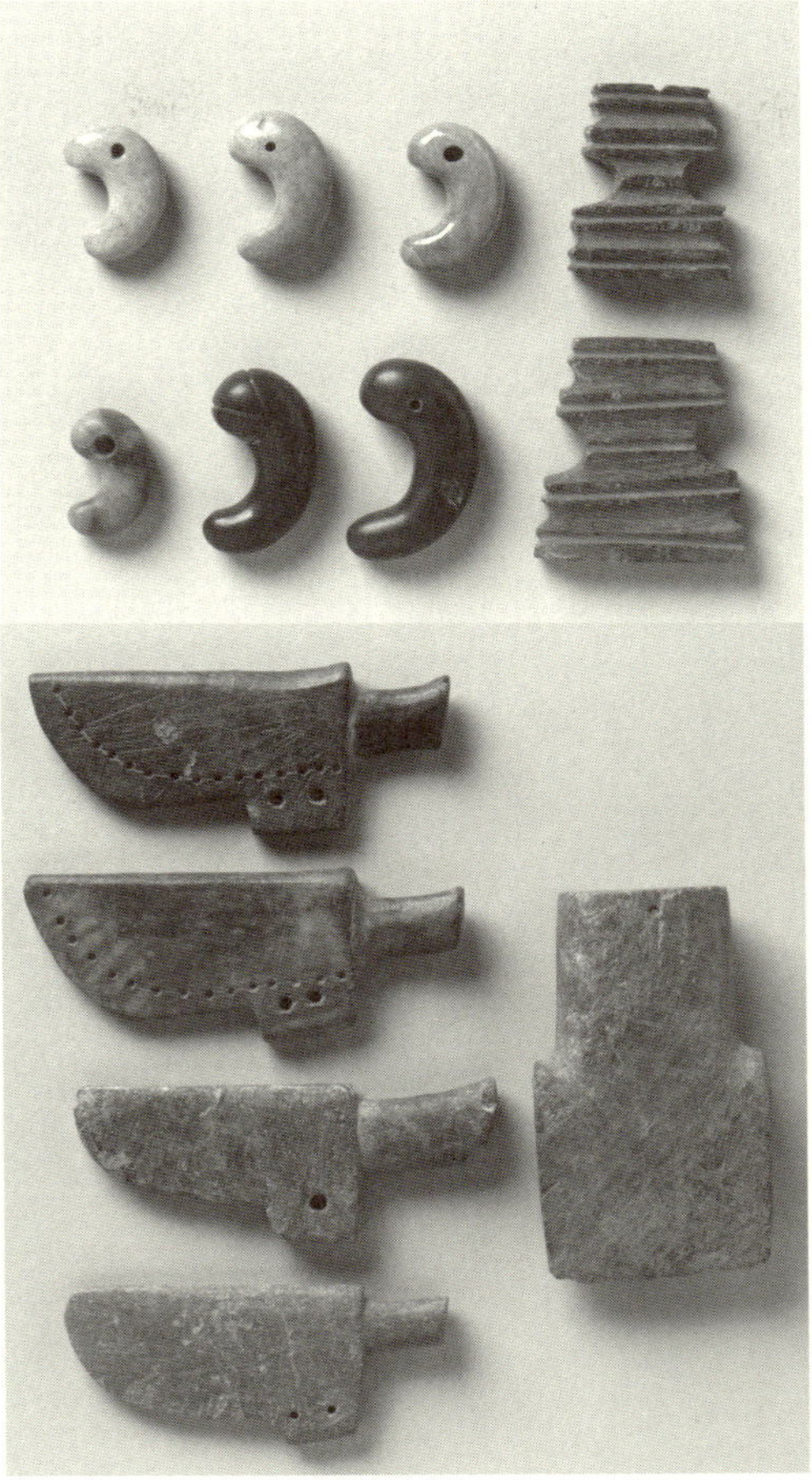

宮山古墳出土品。㊤勾玉と琴柱形石製品
㊦滑石製模造品　刀子と斧
（橿原考古学研究所附属博物館提供）

古川流域産の凝灰岩（龍山石）で造られていた。石室の周囲には家形、盾《たて》形、靫《ゆき》形などの見事な造りの大型形象埴輪の列が二重に巡っていた。副葬品は大方が盗掘で持ち去られていたが、五世紀前半を代表する古墳としてよく知られる。

この時期の巨大古墳はたいがい天皇陵などの陵墓や陵墓参考地に指定され、宮内庁が管理していて発掘調査のメスを入れることができないだけに、調査から七〇年を経た今日でも、その調査結果の資料的価値は高い。大型形象埴輪は橿原考古学研究所附属博物館（橿原市畝傍町）で常設展示されているが、古墳時代を知ることができる重要資料としてその価値は測り知れず、人気も高い。

　同古墳の築造は五世紀初めごろとされる。被葬者が武内宿祢なのか葛城襲津彦なのかは別として、葛城氏の始祖王的人物を葬ったことは疑えない。このことは、五世紀の初めごろ、葛城氏が、大王クラスに匹敵する墳墓を造ることができる力を備えていたことをうかがわせる。葛城氏の全盛期は、「応神王朝」の時代、「河内王権」の時代、「倭の五王の時代」などといわれ、巨大な権力の象徴としての巨大古墳が次々と築かれた五世紀とみていいようだ。

　考古学的に葛城氏の勢力を伝える古墳は、室宮山古墳以外にもいくつかある。東約二キロにある掖上鑵子塚《わきがみかんすづか》古墳は、全長一五〇メートルを測る、形の整った前方後円墳。御所市の北に隣接する葛城市・旧新庄町にある屋敷山古墳（全長一三五メートル）や飯豊《いいとよ》天皇陵古墳（同九〇メートル＝北花内三歳山《きたはなうちさんさいやま》古墳）なども葛城氏に関係する古墳だろう。さらに北の大和高田市から北葛城郡広陵町、河合町、香芝市などにかけて分布する「馬見《うまみ》古墳群」も葛城氏との関係がいわれてきた。全長二〇〇メートルを超す巨大前方後円墳が四基も含まれ、葛城氏と関係するなら葛城氏の強大さを伝えるモニュメントといえるわけだが、今日では、すべてを葛城氏と結びつけることに疑問視する向きも多く、後編で改めて取り上げたい。

琴弾原《ことひきのはら》

日本武尊像
（静岡県・草薙《くさなぎ》神社）

日本武尊《やまとたけるのみこと》（小碓王《おうすのみこ》）は胆吹山《いぶきやま》（伊吹山）の神の毒気に襲われ病気になった。そして、伊勢の（三重県）能褒野《のほの》に至ってついに病没した。

天皇（景行天皇）も悲しみ、能褒野陵《のほののみささぎ》に葬った。しかし、日本武尊は白鳥になって陵より出て、倭《やまと》に向かって飛んだ。棺《ひつぎ》を開いてみると屍骨はなく、衣だけが残されていた。白鳥の行方を追うと倭《やまと》の琴弾原《ことひきのはら》にとどまっていた。そこで陵を造った。白鳥はまた飛び立って河内の旧市邑《ふるいち》にとどまった。またそこに陵を造った。時の人は、三つの陵を名付けて白鳥陵《しらとりのみささぎ》といった。

〈巻第七・景行天皇〉

日本武尊は東征の帰途だった。懐かしい倭

（大和）を目前にして病に倒れた。

倭《やまと》は　国のまほろば　たたなづく　青垣
山ごもれる　倭うるはし

名高い「国しぬび歌」は、書紀では、景行天皇が熊襲征討のとき、日向《ひゅうが》（宮崎県）の子《こ》湯県《ゆのあがた》で都をしのんで詠んだ、とするが、『古事記』では、倭建命が東征の帰路、力尽きた能野で詠んだ、とする。

3つの白鳥陵。㊤能褒野墓（三重県亀山市）
㊥琴弾原の白鳥陵（御所市富田）
㊦古市の白鳥陵（大阪府羽曳野市）

ヤマトタケルの西征、東征の物語はもとより史実ではないが、三～四世紀ごろ、ヤマト王権が西国と東国に勢力を伸ばした事実がある程度反映されている、との見方は少なくない。

初期ヤマト王権が統治した範囲はよく分かっていないが、列島の隅々まで統治が及んでいたわけではなかったことは確か。「まつろわぬ人々」もたくさんいた。そうした「まつろわぬ人々」を「制圧」し、王権の版図を拡大することは、古代国家建設の最大の課題であった。

ヤマトタケルノミコト（『日本書紀』では日本武尊、『古事記』では倭建命）は、ヤマトの武々しい人、勇ましい人、すなわち「ヤマトの英雄」だった。『日本書紀』によると、父であ

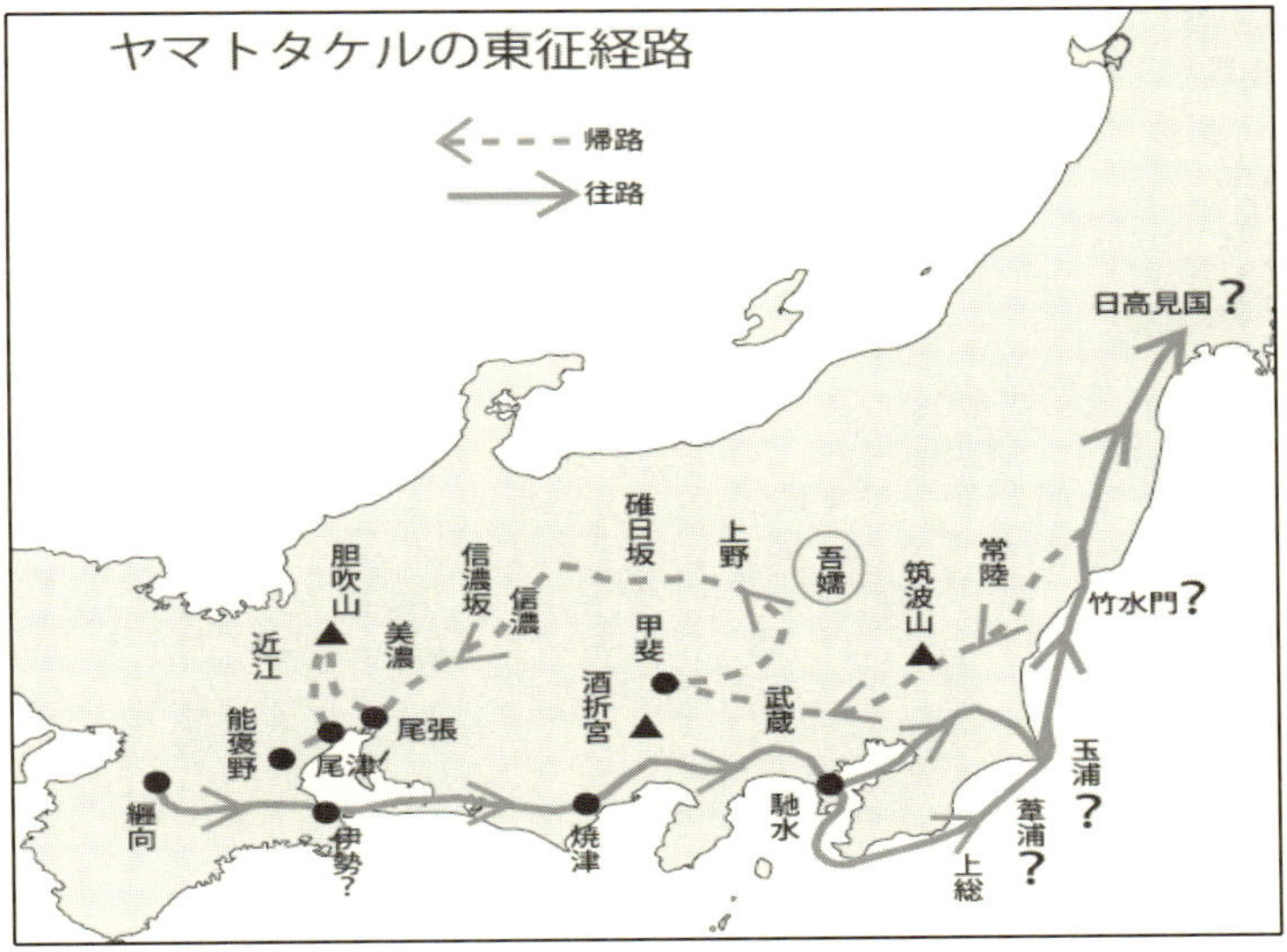

る第十二代景行天皇の命で、まつろわぬ人々の征服に東奔西走、大和朝廷の版図拡大に大いに貢献した。

日本武尊が九州へ熊襲《くまそ》征討に向かったのは十六歳の時だった。童女の姿に変装して宴席にまぎれ込み、熊襲の首長、川上梟帥《かわかみのたける》を討つなど、華々しい戦果を収めた。

熊襲征討から凱旋すると、今度は東国の蝦《えみ》夷《し》平定を命じられ、すぐ出発した。

書紀によると、伊勢神宮に立ち寄った後、駿河《するが》（静岡県）に渡り、焼津《やいづ》の野で焼き討ちに遭っている。草薙剣《くさなぎのつるぎ》で周囲の草を薙《な》ぎ倒し、難をまぬがれた。『古事記』では、尾張（愛知県）の美夜受比売《みやずひめ》と婚約を交わした後、相《さが》武《む》国に行って焼き討ちに遭遇した。

房総半島に渡ろうとした馳水《はしりみず》（『古事記』では、走水＝浦河水道）では、暴風雨で、船は遭難の危機に遭遇する。しかし、同行していた弟橘媛《おとたちばなひめ》が海に身を投じると嵐は収まり、危機を脱した。

文字通りの東奔西走。『古事記』によると、熊襲征討から帰還するとすぐに東国平定を命じられたヤマトタケルは、伊勢神宮に立ち寄って倭比売《やまとのひめ》に「天皇はすでに吾に死ねと思ほすゆえか」と涙にくれたと記す。倭を目前に病に倒れ、命を落とし、魂は白鳥となって帰るヤマトタケルは、まさに悲劇の英雄だった。「倭は国のまほろば…」と歌い上げる望郷歌には、タケルの無念の思いがほとばしる。

琴弾原の白鳥陵は、宮内庁によって御所市

富田の国見山西側中腹にある円墳に治定されている。しかし、能褒野の白鳥陵や古市（羽曳野市）の白鳥陵に比べて貧弱なことなどもあり、疑問視する声も多い。同市柏原の北東約八〇〇《メートル》にある鑵子塚《かんすづか》古墳（全長約一五〇《メートル》の前方後円墳）だとする考え方もある。ただ、この被葬者論争はあくまでも「琴弾原の白鳥陵」の所在地論争であることを注意しなくてはならない。

㊤掖上鑵子塚古墳から出土した水鳥形埴輪（橿原考古学研究所附属博物館提供）㊦掖上鑵子塚古墳（御所市柏原）

琴弾原がなぜ御所の地に求められるのかも、根拠があるわけではない。たった一つのヒントは、允恭天皇紀に、「琴引坂《ことひきのさか》から振り返って京城《みやこ》の耳成山、畝傍山を賞でた」という記事があるが、鑵子塚古墳付近から耳成山、畝傍山がよく見えることだという。はなはだあいまいな根拠だが、いつの頃からか、このあたりが大和の白鳥陵が築かれた琴弾原であると伝承してきた。

コラム

高尾張邑《たかおわりむら》

神武紀には、「葛城《かづらぎ》」の地名の起こりについて、「高尾張邑に土蜘蛛《つちぐも》がいた。身長が低くて手足は長く、侏儒《ひきびと》に似ていた。葛《かづら》のつるで網をつくり、覆いかぶせて殺した。よって葛城というようになった」とある。葛城の地の本来の名は「高尾張」だった、というのだ。

高尾張邑とは、どのあたりのことを指していたのか必ずしもよく分かっていない。ただ、「葛城というようになった」と言う

一言主神社境内にある蜘蛛塚（御所市森脇）

のだから葛城地方にあったのだろう。それなりに広い範囲を指していたのだろう。尾張の「張」は「墾」と同義とみていい。開墾すること、あるいは開墾した土地の

加守神社（葛城市加守）

忍海地方（葛城市）

ことである。「治」、「晴」、「春」、「針」、「原」などもほとんど同義だったのではなかろうか。そうすると、びっくりするほどの高所に、谷あいばかりでなく尾根まで含めて棚田が開かれ、人家が建つ金剛山の東麓は「高尾張」と呼ぶのに実にふさわしい。尾張地方（愛知県）などに根を張った古代の有力氏族、尾張氏の出身地との見方がある。

鳥越憲三郎氏は、その著書『神々と天皇の間』（朝日新聞社）で、尾張氏について、「古くは高尾張族と呼ぶべきものであるが、のちに尾張国で栄えた。その発祥は葛城の地で、そこから分派が尾張国へ移ったものである」とする。また鳥越氏は、火雷神《ほのいかづち》とともに尾張氏の祖先神である天香山命《あめのかごやまのみこと》を祭神とする葛木坐火雷神社（笛吹神社）付近を中心に分布していた、と見解をとった。

「古代氏族の研究」シリーズ（青垣出版刊、既刊は十一点）を著している宝賀寿男氏は、シリーズ②の『葛城氏』で、「尾張の国名や尾張氏の氏族名は、先祖が最初にいた葛城地方の高尾張邑に因む」可能性を指摘する。また、葛城市（旧新庄町）の笛吹神社と関係深い笛吹連《ふえふきのむらじ》や葛城市（旧当麻町）の加守神社と関係が深い掃部連《かもり》（掃守連）と尾張氏との強いつながりにも注目する。

朝津間《あさづま》と四邑《よつむら》

『日本書紀』応神天皇十四年に次のような記事がある。

弓月君が百済より来帰した。弓月君《ゆづきのきみ》は、「百二十県の民を率いて帰化しようとしたが、新羅人が邪魔をしたので加羅《から》国にとどまっております」と奏上した。そこで、葛城襲津彦《かずらきのそつひこ》を遣わして人々を加羅から召還しようとした。しかし、襲津彦は帰ってこなかった。

二年後の応神天皇十六年、襲津彦を邪魔する新羅を攻撃するために平群木菟宿祢《へぐりのつくのすくね》と的戸田宿祢《いくはのとだのすくね》に精兵をつけて加羅に派遣した。新羅王は恐れ、罪を認めた。弓月の民たちは襲津彦とともに来帰した。

〈巻第十・応神天皇〉

『姓氏録』にも弓月君来帰の記事があり、「功智王と弓月王が百廿七県の百姓を率いて帰化し、種々の宝物を献じたので応神天皇が大和の朝津間《あさつま》の腋上《わきがみ》の地を賜いて居らしめた」としている。

「大和の朝津間の腋上の地」とはどこだったのかよく分かっていない。ただ、葛城地方、今の御所市域だったことは間違いない。

御所市には大字朝妻がある。金剛山東麓。書紀の仁徳天皇紀にある歌の「朝嬬《づま》の避介《ひか》の小坂」や天武天皇九年条にある「朝嬬に幸す」などもこの地のことといわれる。

　朝妻には白鳳時代の古代寺院跡がある。いまは完全な廃寺だが、古瓦や礎石が出土。井戸跡からは白鳳期の磚仏《せんぶつ》なども出土している。

御所市朝妻地区。背後は金剛山

朝妻廃寺から出土した塼仏㊨と複弁蓮華文軒丸瓦㊧
（橿原考古学研究所附属博物館提供）

弓月君は秦氏《はた》の祖とされる。『姓氏録』によると、秦氏は葛城の地から山城へ移動したとされる。嵯峨野を本拠とし、秦河勝《はたのかわかつ》が登場する七世紀には国宝の弥勒菩薩像で有名な太秦寺《うずまさ》（広陵寺）を建てた。一族は全国に分布している。

『日本書紀』の神功皇后摂政三年の条に、皇太后（神功皇后）の命で新羅に行き、草羅城《さわらのさし》を攻め落として帰還した葛城襲津彦が多数の現地人を連れ帰った。この時渡来した人々は、「桑原、佐糜《さび》、高宮、忍海《おしぬみ》の四つの邑の漢人らの始祖である」との記事がある。

葛城襲津彦にからむ渡来人の記録だが、四つの邑とも葛城地方に比定する考え方が有力。このうち佐糜については御所市南端の東

西佐味集落。背後は金剛山

佐味、西佐味を、忍海《おしみ》については葛城市の忍海を比定する向きが多い。桑原、高宮については複数の比定地がある。

南郷大東遺跡の導水施設（橿原考古学研究所提供）

南郷大東遺跡から出土した須恵器杯、韓式系土器
（橿原考古学研究所提供）

南郷遺跡群を発掘調査した橿原考古学研究所の坂靖氏は、南郷遺跡群こそ「高殿《たかどの》」、「祭殿」など王の政治を行った場、水のまつりの

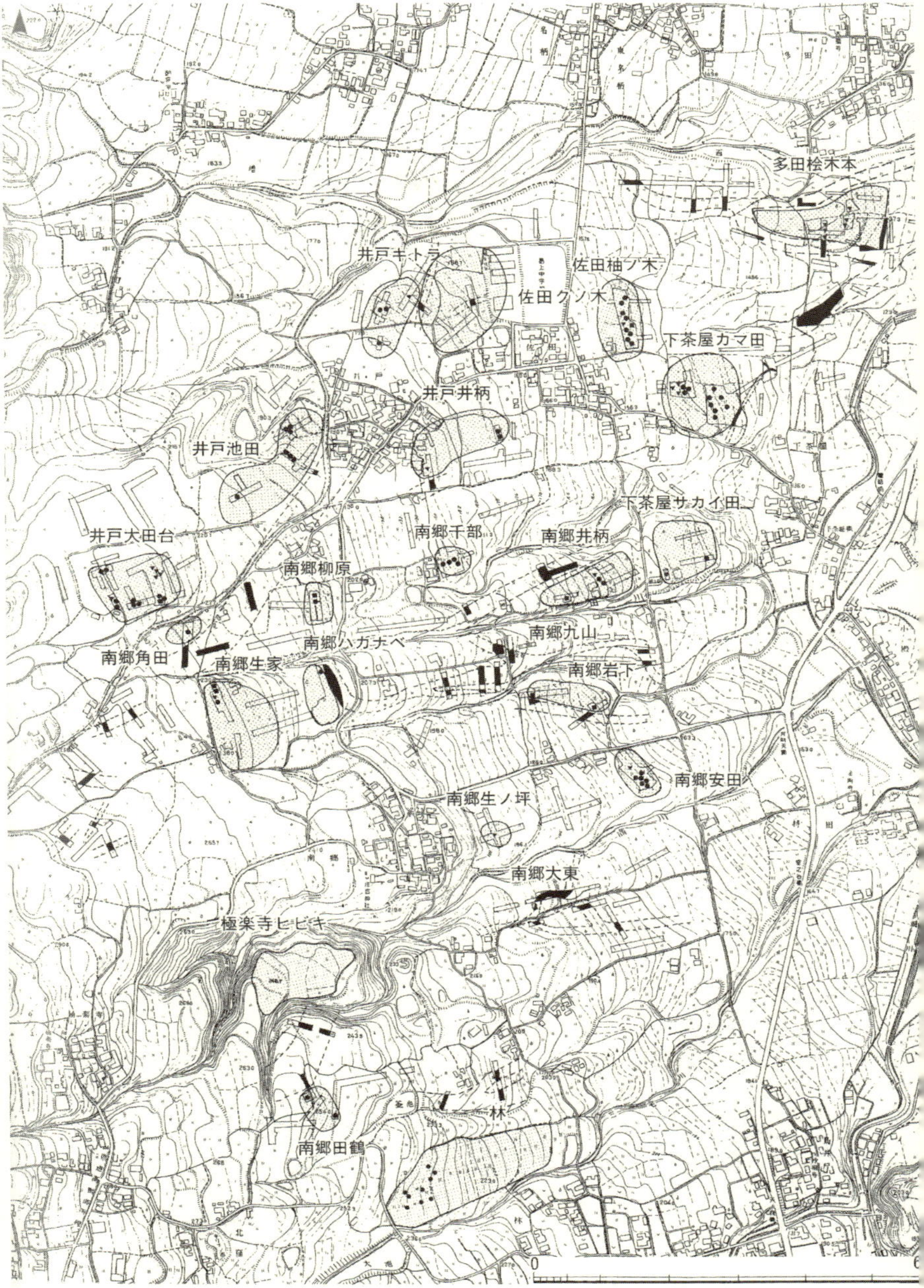

南郷遺跡群位置図（橿原考古学研究所附属博物館編『葛城氏の実像』より）

祭祀場、王を支えた各種工房などがそろった「葛城の王都」の遺跡とした。王を支えた生産工房は渡来人技術者の指導のもとに工業団地や交易センターも含めて計画的に配置されていたとみる。そして、四邑の一つ、葛城氏が一番の拠点とした高宮の一角とみる。

応神紀には渡来人に関する記事が多い。弓月君の秦《はた》氏と並ぶ渡来氏族とされる東漢《やまとのあや》氏の祖、阿知使主《あちのおみ》、都加使主《つかのおみ》が「党類十七県」の民を率いて渡来したという記事もある。また、百済から王仁《わに》博士が渡来したという。王仁博士は論語や千文字を伝え書《ふみ》（文）氏の祖となったと伝える。

「渡来人」は、古代史を考える上で絶対に見落とすことができない。飛鳥・奈良時代のことになるが、我が国最初の本格的寺院、飛鳥寺の造営は、百済から渡ってきた寺工《てらのたくみ》、鈩《ろ》盤《ばん》博士、瓦《かわら》博士、画工《えかき》らが主体となって進められた。同寺の本尊をみごと堂内に入れる手柄を立てたのは、渡来系の仏師、鞍作鳥《くらつくりのとり》（止利仏師）だった。

聖徳太子の死去（六二二年）にあたり、妃

飛鳥寺本尊・釈迦如来像。渡来系仏師の鞍作鳥（止利仏師）の作と伝える

の橘大郎女《たちばなのおおいらつめ》の発願で作られたのが、いま中宮寺（斑鳩町）に伝わる天寿国繡帳《てんじゅこくしゅうちょう》（国宝）。この下絵を描いたのは、東漢末賢《やまとのあやのまつけん》、高麗加西溢《こまのかせい》、漢奴加己利《あやのぬかりこ》とされるが、名前からみても渡来人だったことは間違いない。

さらに時代は下るが、匂《にお》うがごとき天平《てんぴょう》文化の華、東大寺大仏の鋳造を指揮したのは国公麻呂《くにのきみまろ》という人物。彼の祖父は、六六三年に渡来した国骨富《こくこつぶ》という百済の官人だった。

渡来人らは、土器作り、機織《はたおり》、建築、造船、馬具作りなどの技術を伝え、鉄器生産や仏像制作に活躍し、文筆や会計、通訳などに力を発揮した。古代日本では、技術や知識に関することはほとんど渡来人に負っていたと言っていいかもしれない。渡来人らは古代のハイテク産業の担い手であり、文化、文明をリードした知識階級だった。

政治や外交、軍事面での活躍も少なくない。平安遷都は京都盆地に勢力を張っていた秦氏との関係を無視しがたい。また、その遷都を断行した桓武《かんむ》天皇の母、高野新笠《たかののにいがさ》は、百済からの渡来系氏族、和《やまと》氏の出身だったことが『続日本紀』の記事から明らかで、皇室の血脈ともかかわる。

今上天皇は二〇〇一年と二〇一〇年、「桓武天皇の生母が百済武寧《ぶねい》王の子孫で、韓国とのゆかりを感じている」と公式の場で話された。いわゆる〝ゆかり発言〟で、さまざまに注目を集めた。

上田正昭氏は、〝渡来のうねり〟の大きな高まりを、弥生時代、応神《おうじん》朝あたりの五世紀前後、雄略《ゆうりゃく》朝と欽明《きんめい》朝を中心とする五世紀末から六世紀前半、天智《てんじ》朝前後の七世紀後半の四時期とみなす。
　時代が下るにつれ、漢人の祖先を後漢・霊帝としたり、秦人の祖先を秦《しん》の始皇帝とする

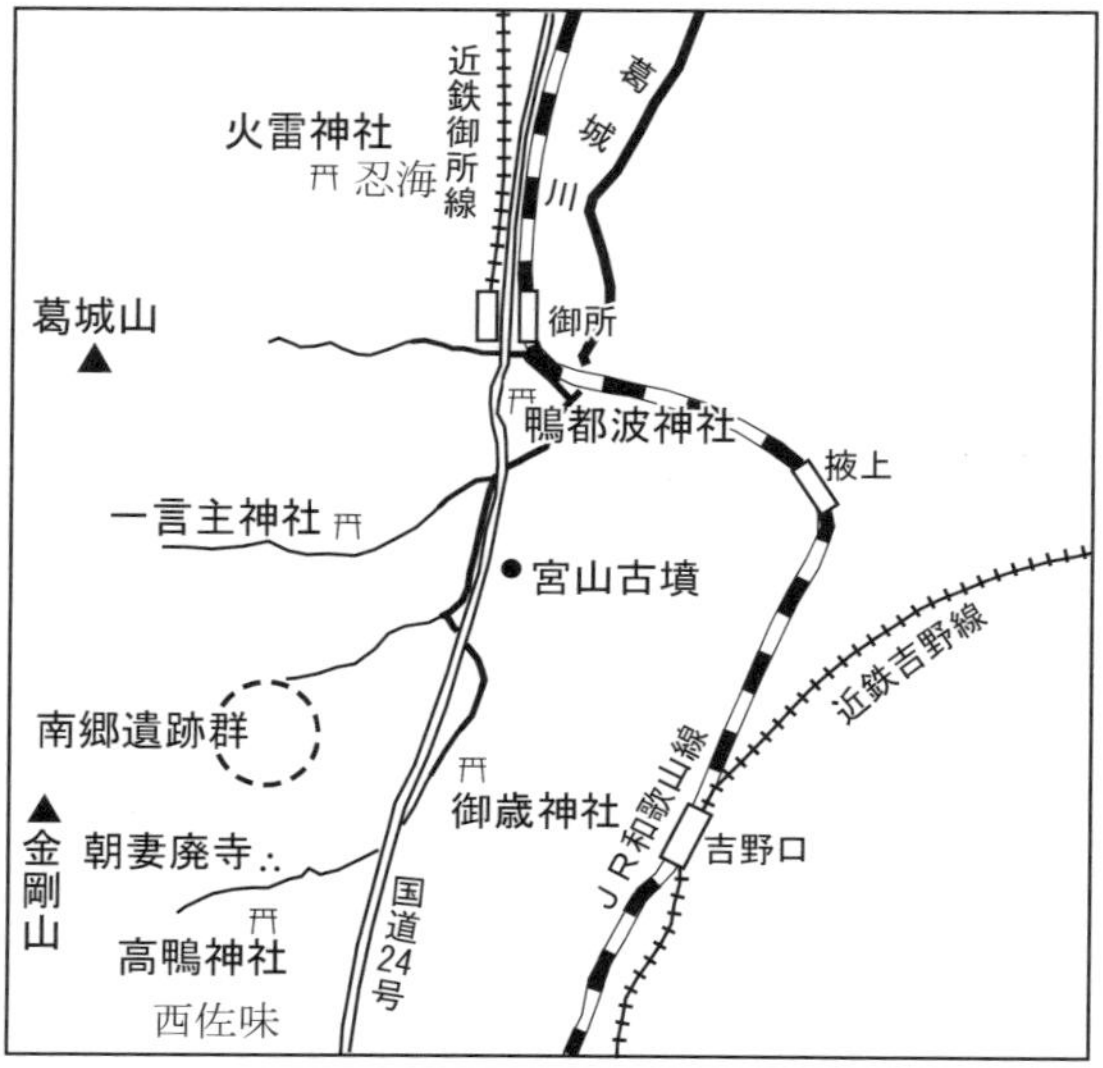

など、渡来人らの出自を中国に求める傾向が強まった。これについてもさまざまな見解があるが、出自はさておき、朝鮮半島に根をおろしていた人々が渡ってきたとみた方がいいようだ。
　葛城地方は、秦氏の祖の弓月君、「四邑の漢人」など、渡来人とゆかり深い。渡来人らの故郷ともいえるようだ。

葛城高宮

煙が上がっていない家々を見て、課役を三年間免除した、などと『日本書紀』が人徳高き聖王として描く仁徳天皇の皇后は葛城氏出身の磐之媛《いわのひめ》だった。

仁徳天皇二十二年の春、天皇は皇后に「八田皇女を妃《きさき》にしたい」と話した。八田皇女は、皇位を譲り合ったと伝える仁徳の弟、菟《う》道稚郎子《じのいらつこ》の同母妹。菟道稚郎子は、宇治王朝のプリンスともいえる立場にあり、菟道（宇治）地方を本拠としていたが、臨終に際し妹の八田皇女を妃にするよう仁徳に頼み込んでいた、とする。

しかし、皇后・磐之媛は許さなかった。激しく反発し、嫉妬した。八年の歳月が流れた。皇后が熊野に遊行している間に、天皇はついに八田皇女を宮中に入れた。船で難波に戻ってきた皇后はこのことを知り、大いに恨んだ。わざわざ天皇が迎えに行ったのに着岸もせず、そのまま淀川をさかのぼり、山背（山城＝京都府）から大和に向かった。

天皇は、鳥山という人物を遣わして、帰るよう懸命に説得した。

山背に　及《し》け鳥山　い及け及け　吾《あ》が
思う妻に　い及き会はむかも
（早く追いつけ追いつけ、いとしい妻に追いついて会えるだろうかの意）

だが皇后は聞こうとせず、木津川から上陸して那羅山《ならやま》に向かう。

つぎねふ　山背河を　宮のぼり　我が
のぼれば　青丹よし　那羅を過ぎ　小楯
倭《やまと》を過ぎ　我が見が欲し国は　葛城高宮
我家《わぎへ》のあたり
〈巻第十一・仁徳天皇〉

葛城高宮に我が家があるという。磐之媛は葛城襲津彦の娘。磐之媛の実家、つまり、葛城襲津彦の家が高宮にあったということだろう。つまり葛城氏の本拠地は葛城高宮だったということになる。

葛城高宮の場所は二つの説があって確定していない。一つは、御所市森脇の一言主神社近くの高宮伝承地（綏靖天皇高丘宮伝承地）。いま一つは、御所市西佐味の高宮廃寺跡（国史跡）付近。金剛山の中腹にあたり標高五五〇メートルもある。

葛城襲津彦が半島から連れ帰った人たちを住まわせた四邑の中にも「高宮」が見える（他の三つは桑原、佐糜《さび》、忍海《おしぬみ》）が、これも同じように所在地がはっきりしない。

橿原考古学研究所の坂靖氏と青柳泰介氏が著した『葛城の王都　南郷遺跡群』（新泉社）では、「高殿」、「祭殿」、水のまつりが行われ

一言主神社近くの高宮
（高丘宮跡）伝承地碑

高宮廃寺跡

南郷遺跡群のある地域

た導水施設、武器生産工房、手工業生産を指導した親方層の家、一般庶民住宅などが発見されている南郷遺跡群を「葛城の王都」の遺跡とみなし、これが高宮の一角であったと推理する。

なお、『日本書紀』によると、時代は下るが、蘇我蝦夷は皇極天皇元年（六四二）に葛城高宮に祖廟を建て中国では天子だけに許される八佾《やつら》の舞を催したという。蘇我氏が専横を極めた出来事の一つとして有名だ。

その場所がなぜ「葛城高宮」だったのか。葛城高宮は〝処を失った地名〟となっているが、とてつもなく深い歴史の謎を背負う地名であることだけは確かなようだ。

蘇我氏と葛城氏との関係については全く分かっていない。ただ、蘇我馬子が推古天皇に対し、「葛城県《かつらぎのあがた》は私のもともとの居住地。この県を賜って封県《よさせるあがた》としたい」と申し入れたという記事が書紀にみえる（「葛城県《かつらぎのあがた》」編で詳述）。

葛城高宮を核とする葛城の地と蘇我氏と何らかのつながりがあったのだろうか。

玉田（玉手）と葦田
——葛城の範囲

允恭《いんぎょう》天皇五年秋七月十四日に地震があった。天皇は、先帝の反正天皇の殯宮《もがりのみや》のことが心配になって尾張連吾襲《あそ》に見に行かせた。心配した多くの人々が集まっていたが、こともあろうに殯宮の責任者である殯宮大夫《もがりのみやのかみ》に任命していた玉田宿祢《たまたのすくね》の姿が見えなかった。

吾襲を派遣して葛城の玉田宿祢の家を視察させたところ、玉田宿祢は人々を集めて酒宴を開いていた。

玉田宿祢は、尋問する吾襲に馬一匹を授けていったん帰させたが、途中で殺害、自らは武内宿祢の墓域に隠れた。

天皇は玉田宿祢を召喚した。玉田宿祢は衣の中に甲《よろい》を着て参上した。やがて露見。玉田宿祢は逃げたが、天皇は改めて兵を出し、玉田の家を囲んで捕らえて殺した。

〈巻第十三・允恭天皇〉

玉田宿祢は葛城襲津彦の孫だったとしている。襲津彦の娘である磐之媛皇后と仁徳天皇の間に生まれた允恭天皇とはイトコの間柄であった。この事件をきっかけに、外戚として大きな権勢を確保していた葛城氏と大王権との間の蜜月状態に大きな亀裂が生じた。以後、大王権と葛城氏のバトルはさまざまな形で表面化していくことになる。

葛城の「玉田宿祢の家」はどこにあったか、分かっていない。ただ、御所市の大字玉手付近との見方が根強い。秋津の里、秋津平野の真ん中あたりに玉手（興福寺荘園「玉手庄」の故地）と呼ばれる地がある。また、玉手山があり、孝安天皇の「玉手丘上陵」が治定されている。ＪＲ玉手駅もある。

玉田宿祢の兄弟に葦田宿祢がいた。履中紀によると、葦田宿祢の娘の黒媛が履中天皇の妃となり、市辺押磐《いちべのおしわ》皇子、御馬《みま》皇子、青海皇女（一説では飯豊青皇女）を生んだ、とある。

また、葦田宿祢の孫の荑媛《あえひめ》が市辺押磐皇子

玉手の丘。第六代孝安天皇の玉手丘上陵がある

古代・葦田の地と推定される王寺町南部から香芝市北部にかけての地。後方は二上山

の妃となって億計《おけ》・弘計《をけ》王（仁賢《にんけん》・顕宗《けんぞう》天皇）を生んだという所伝もある。

この葦田宿祢の本拠地も定かでないが、葛下郡、いまの北葛城郡王寺町、上牧町と香芝市の境界付近が「葦田」だったといわれる。いま葦田の地名は小字名ぐらいにしか残らず、その根拠は必ずしも明確ではないが、『延喜式』諸陵寮に斉明女帝の父、茅渟《ちぬ》王の墓が葛下郡の片岡葦田にある、とみえ、塚口義信氏らは香芝市平野の平野塚穴山古墳をその茅渟王墓とみる。塚穴山古墳を含む平野古墳群は「葦田」の地とみなしていい場所に位置する。

こうしてみると、かつての葛上《かつじょう》・葛下《かつげ》郡、いまの御所市、葛城市、大和高田市、香芝市、北葛城郡（広陵町、河合町、上牧町、王寺町）、つまり大和平野南西部一帯が古代の葛城の範囲だったとみなしていいことになる。

問題は馬見古墳群の存在である。馬見古墳群は大和高田市から香芝市、北葛城郡広陵町、河合町、上牧町、王寺町にかけて細長く横たわる南北約七キロ、東西約三キロの馬見丘陵上に形成された四～五世紀の大古墳群である。「葛城の範囲」にある。しかし、葛城氏との関係は明らかでない。葛城氏と関係あるのだろうか、ないのだろうか。

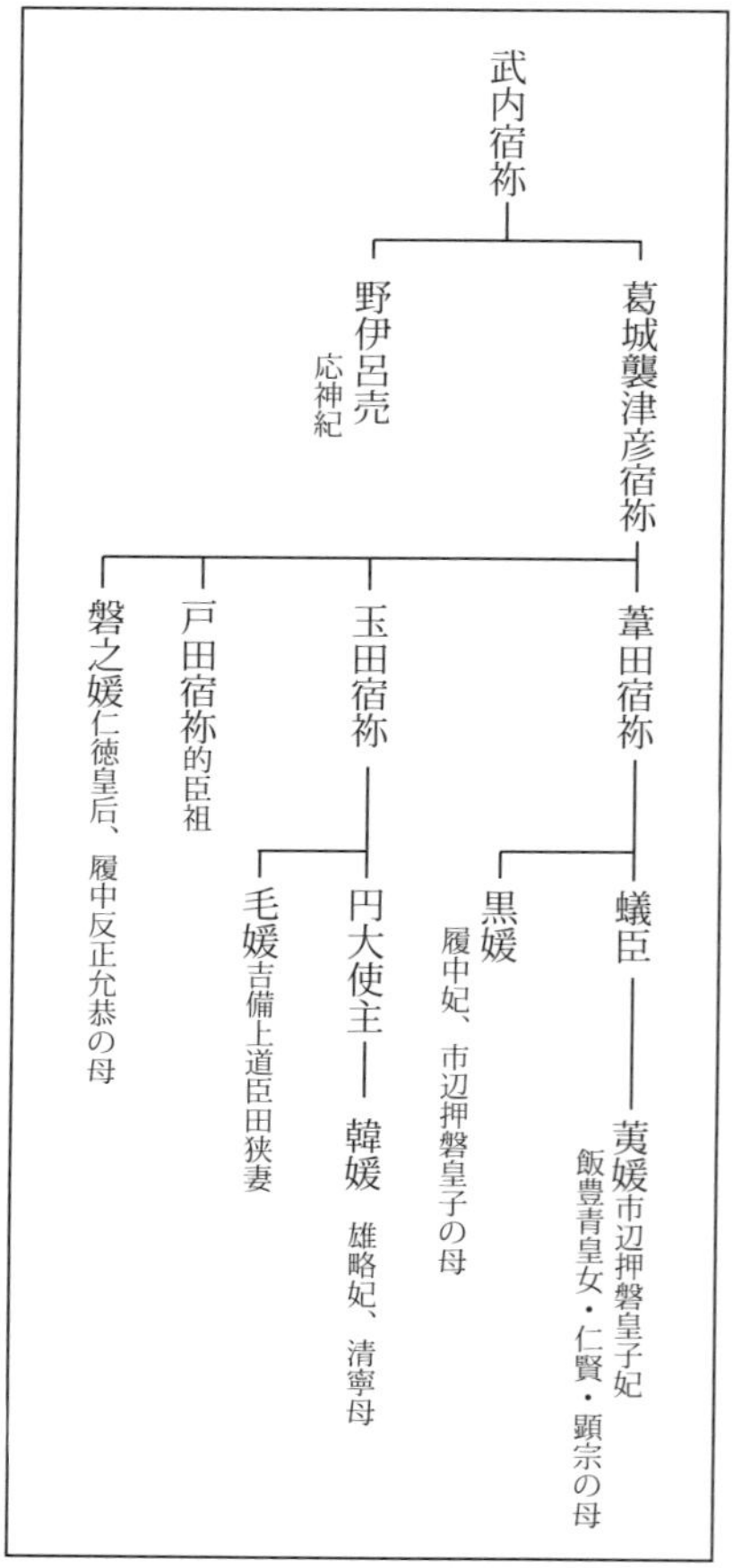

宝賀寿男著『古代氏族の研究②葛城氏』より

橿原考古学研究所にいた今尾文昭氏によると、前方後円墳二二基、前方後方墳二基、帆立貝形前方後円墳六基、大型円墳三基がある。三つのグループに分かれ、大和高田市築山の築山《つきやま》古墳（墳長二二〇メートル）を中心とする南群、広陵町三吉の巣山古墳（墳長二二〇メートル）や

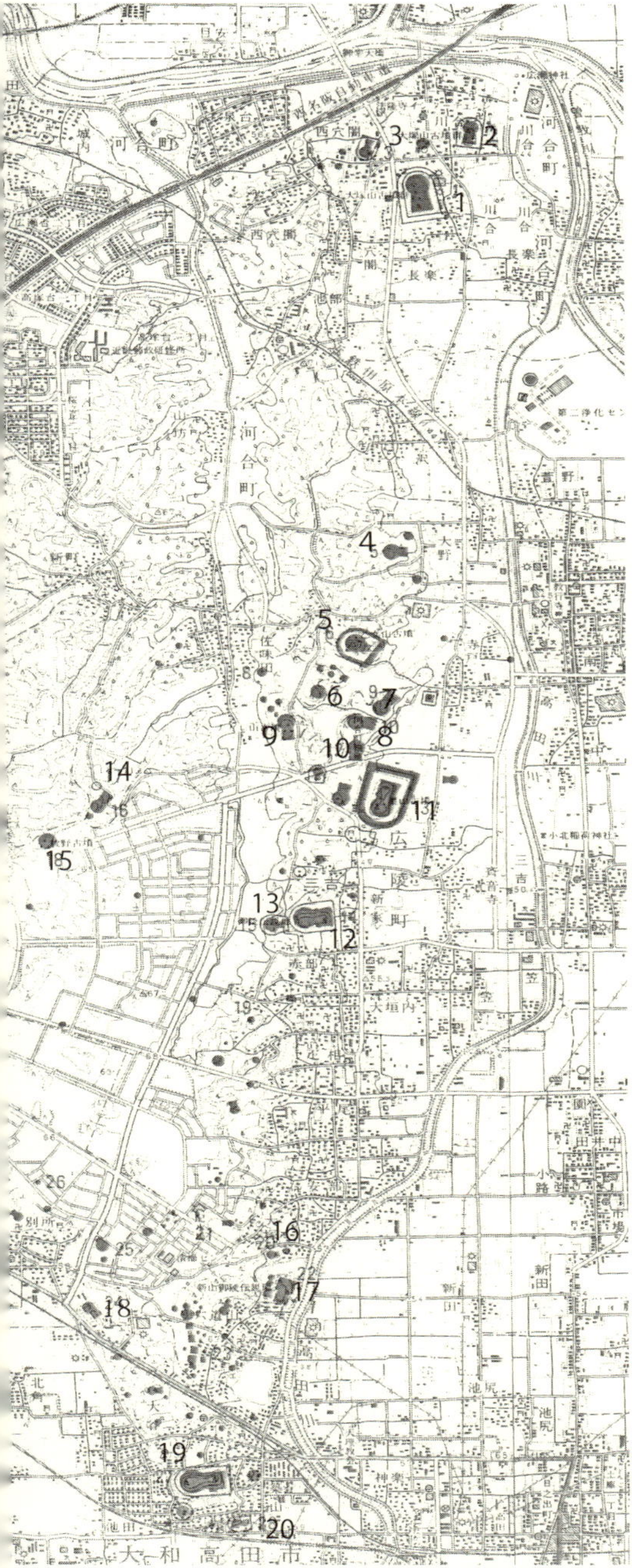

1	川合大塚山古墳	河合町西穴闇
2	城山古墳	〃　川合
3	中良塚古墳	〃　西穴闇
4	池上古墳	広陵町大野
5	乙女山古墳	河合町佐味田
6	別所下古墳	〃　〃
7	倉塚北古墳	広陵町寺戸
8	倉塚古墳	〃　〃
9	ナガレ山古墳	河合町佐味田
10	狐塚古墳	〃　〃
11	巣山古墳	広陵町三吉
12	新木山古墳	〃　〃
13	石塚古墳	〃　〃
14	佐味田宝塚古墳	河合町佐味田
15	牧野古墳	広陵町三吉
16	於古墳	〃　大塚
17	新山古墳	〃　大塚
18	別所石塚古墳	香芝町瓦口
19	築山古墳	大和高田市築山
20	狐井塚古墳	〃　領家

馬見丘陵の古墳分布
（橿原考古学研究所附属博物館編
『馬見丘陵の古墳』より）

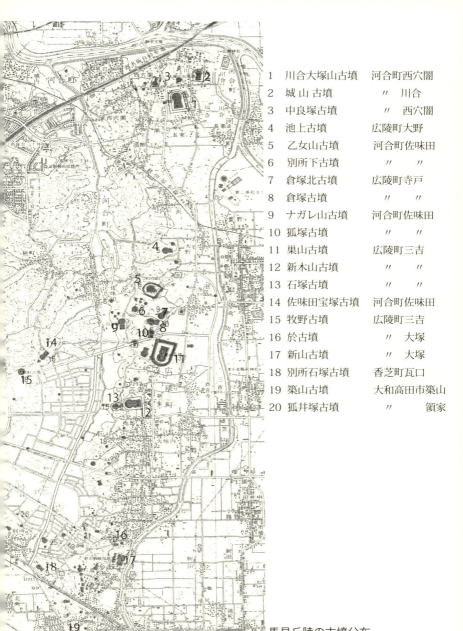

大型の帆立貝形前方後円の乙女山古墳などがある中央群、河合町川合の川合大塚山古墳（墳長一九七メートル）を中心とする北群がある。

築造時期は、精美な造りの直弧文鏡や晋式帯金具の出土で名高い広陵町大塚の新山古墳（南群）が古く四世紀中ごろ、築山古墳が四世紀後半、巣山古墳や広陵町三吉の新木山古墳（中央群）が五世紀前半、大和高田市池田の狐井塚古墳（南群）が五世紀後半との見方を今尾氏は示す（朝日新聞奈良版「天皇陵古墳を歩く」ほか）。

三輪山周辺や佐紀《さき》・盾列《たたなみ》と並ぶ巨大古墳集中地域であり、河内の古市や百舌鳥《もず》の古墳群との関係も注意しなければならない。もし、葛城氏の墳墓群なら、その勢力の強大さを如実に物語るモニュメントといえる。

しかし最近では、三つのグループに分かれて分布することや、それぞれ考古学的に性格が異なることなどから、葛城氏と結びつけることに疑問を投げかける見解が増えている。例えば、白石太一郎氏は「墓域を共通する一つの集団によって形成された古墳のグループをして古墳群と理解するならば、馬見古墳群という呼称自体にも問題が多いといわねばならない」（奈良県教育委員会『馬見丘陵における古墳の調査』）とする。

一言主神《ひとことぬし》

『日本書紀』の雄略天皇四年条に次のようなエピソードが載る。

四年の春二月、天皇（雄略）は葛城山で狩猟をした。突然、背の高い人に出会った。顔や姿が天皇によく似ていた。

天皇は

「神に違いない」

と考え、

「どこの方か」

と尋ねた。背の高い人は答えて、

「姿を現した神である。先に名乗りなさい。そうしたら、私が名乗ろう」

と言った。

天皇は

「私は、幼武尊《わかたけるのみこと》である」

と名乗ると、背の高い人は

「私は一言主神である」

と名乗った。

ともに猟を楽しみ、一匹の鹿を追って弓を放つことも互いに譲り合った。日が暮れて猟を終え、神は、天皇を来目河《くめ》まで送った。

〈巻第十四・雄略天皇〉

古事記にも同じようなエピソードが載るが、ところどころでニュアンスが違う。

例えば、雄略天皇は一言主神を見つけて、自分と変わらぬ装束や態度に驚き、「この倭の国に、吾以外に王はないはず」と怒り、互いに弓を構えて一触即発の状況となった。そこで、一言主は「吾《あ》は悪事《まがごと》も一言、善事《よごと》も一言、言い放つ神。葛城の一言主大神だぞ」と答えた。一言主の方が先に名乗ったことになっている。

しかし、これを聞いた天皇は「恐《かしこ》し、我が大神」と大いにかしこんだ。そして、従者らの着ていた衣服を全部脱がせて献ると、一言主神は手を打って喜び、それを受け取った、と書いている。

まるで、天皇が山賊に出会って丸剥ぎにされたような記事だが、一言主神の威厳に満ちた態度は『日本書紀』と変わらない。

雄略天皇は、古代史に一つの画期を成した天皇だった。猛々しい英雄として、記紀は描いている。皇位継承の最大のライバルだった市辺押磐皇子《いちべのおしわ》を狩に誘い出して殺害したほか、大草香皇子《おおくさか》、眉輪王《まよわ》、御馬皇子《みま》などのライバルを次々と消して皇位を獲得して強大な権力を確立したとされる。

昭和五十三年に発見された埼玉県・稲荷山古墳の鉄剣の百十五文字の銘文の中に登場する「ワカタケル（獲加多支鹵）大王」は、『日本書紀』の「オオハツセワカタケ」、つまり雄略天皇とされた。同時に、それまでは反正《はんぜい》天皇説など諸説あって確定していなかった熊本県・江田船山古墳の鉄剣銘文の「獲□□鹵大王」もワカタケル大王とみなされるようになり、雄略の統治が関東から九州にまで及んでいたことを示す証拠とされた。

一方、中国の歴史書は、倭の五王のうちの「武」が、中国皇帝に対して「東は毛人を征すること五十五国、西は衆夷を服すること六十六国、渡りて海北を平らぐること九十五国……」とする内容の上表文を送ったと伝える。「武」は、従来から雄略天皇とみなす説が圧倒的だったが、稲荷山鉄剣銘文の発見で、一層その信憑性を高め、「日本統一は雄略天皇の時代」とする考え方が強まった。

ちなみに、稲荷山鉄剣銘文が書かれたのは四七一年、倭王「武」の上表は四七九年であることが分かっている。一方、『日本書紀』が記す雄略天皇の在位年代は四五六年から四七九年までで、ピッタリ一致する。

このように、雄略天皇はその名が示す通り、古代史上の最大の英雄といっていい存在だった。その世界的な権力者に対して一歩もひけを取らず、それどころか、『日本書紀』では先に名乗らせ、『古事記』では衣服を献上させているのが一言主神なのである。葛城の神、つまり、葛城地方を本拠とする勢力の強大さがうかがい知れる。

この一言主神を祭神とする神社が御所市森脇にある葛城一言主神社。地元では「一言神《いちごんじん》さん」あるいは「一言《いちごん》さん」と呼ぶ。一言の願いであれば何ごとでもかなえられる神、として信仰を集める。

一言主神社（御所市森脇）

同社の北方に、第二代綏靖《すいぜい》天皇の高丘宮跡伝承地がある。仁徳《にんとく》天皇の皇后、磐之媛《いわのひめ》が夫の不倫を恨みながら那羅山《ならやま》で詠んだ「我が見が欲し国は葛城高宮《かづらきのたかみや》、我家《わぎえ》のあたり」の葛城高宮にあたるとの考え方は根強い。

なお、『続日本紀』には、天平宝字（七六四）のこととして、雄略天皇と狩を競ったために天皇の怒りにふれ土佐（高知県）に流されていた高鴨神を葛上郡に戻して祭祀したという記事がみえる。高知市にある土佐国一宮の高賀茂大社（土佐神社）の祭神は土佐に残した和魂《にぎたま》とされる。その神について『土佐国風土記』の逸文では一言主神であるとするが、高鴨神社の祭神である「味鉏高彦根尊《あじすきたかひこねのみこと》」との説もある。一言主神と高鴨神は混同され、時には同一視されていた可能性もあるようだ。

御所市茅原の吉祥草寺で生まれ、修験道の開祖となったと伝える役小角《えんのおづぬ》が、諸神を集めて葛木山（金剛山）と吉野・金峯山の間に橋を架けようとした。一言主神は顔が醜かったので夜間だけ工事に従事、役行者の怒りにふれて呪縛された、と『今昔物語集』に伝える。

江戸時代、一言主神社を訪れた芭蕉は、この逸話を皮肉るように「猶見たし　花に明行《あけゆく》神の顔」の一句を残した。

天下人を相手に堂々とわたり合ったいい男とも醜い顔のぶ男とも描かれる一言主神、いろいろとエピソードの多い神でもある。

土佐神社（高知市）

極楽寺ヒビキ遺跡

眉輪王《まよわ》が逃げ込んだ円大臣《つぶらのおおおみ》の高殿か

安康天皇《あんこう》三年八月のある日、天皇は山荘で宴を催し、楼に上って皇后と過ごした。くつろいだ雰囲気でこれまでのことをさまざまに語り合ったらしい。

天皇は、

「私は眉輪王《まよわ》をおそれている」

と話した。

眉輪王はまだ幼少。楼の下で遊び戯れていたのだが、二人の話を全部聞いてしまった。父、大草香《おおくさか》皇子の死について、真実を知ってしまったのである。

安康は酒の酔いで、皇后の膝枕で眠り込んだ。眉輪王は、ひそかに楼に登って天皇を襲い、刺し殺した。

報せを受けた大泊瀬幼武《おおはつせわかたけ》（天皇の弟、のちの雄略《ゆうりゃく》天皇）は大いに怒り、甲《よろい》を着て、兵を引き連れ駆けつけ、眉輪王を取り調べた。

眉輪王は

「皇位を望んでいるわけではありません。ただ父の仇に報いただけです」

と話した。

眉輪王は、坂合黒彦《さかあいのくろひこ》皇子（允恭《いんぎょう》天皇の皇子）の勧めでスキを見て脱出、葛城円大臣《つぶらのおおおみ》の家に逃げ込んだ。

円大臣は大泊瀬皇子の使者に対して、「人民が王室に逃げ込むことは聞いたことがあるが、君主が民の家に隠れるということは知らない。深く私の心を恃《たの》みとしておられる。どうして差し出すことができますでしょうか」と二人をかくまった。大泊瀬皇子は兵を起こし、円大臣の家を囲んだ。

円大臣は、装いを正して大泊瀬皇子の前に進み出て娘の韓姫《からひめ》と葛城の七カ所の宅（『記』では五カ所の屯宅）を献上することを申し出た。しかし、眉輪王の引き渡しには改めて応じなかった。このため眉輪王、坂合黒彦皇子とともに焼き殺された。

〈巻第十四・雄略天皇即位前紀〉

眉輪王の父は大草香皇子といった。大草香皇子は仁徳天皇とその秀れた容色が世にきこえていた日向の諸県君牛諸井《もろあがたのきみうしもろい》の女《むすめ》、髪長媛との間にできた子。幡梭《はたび》皇女という妹がいた。やはり美しかったのだろう。安康天皇は、弟の大泊瀬皇子のために、幡梭皇女を娶《めと》らせようと考え、根使主《ねのおみ》を使いに出した。

大草香は、「まことにかたじけない」と承諾、「丹心をあらわすために」と、家宝にしていた押木珠縵《おしきのたまかずら》を奉献した。大草香皇子は安康の申し入れに心から喜んだのである。

ところが、根使主は、押木珠縵の美しさに目がくらんだ。盗んで自分の宝にしようと思った。そして、「大草香皇子は命令をうけたまわらないで断った」と天皇に報告。怒った安康天皇は兵を起こし、大草香の家を囲んで殺してしまった。

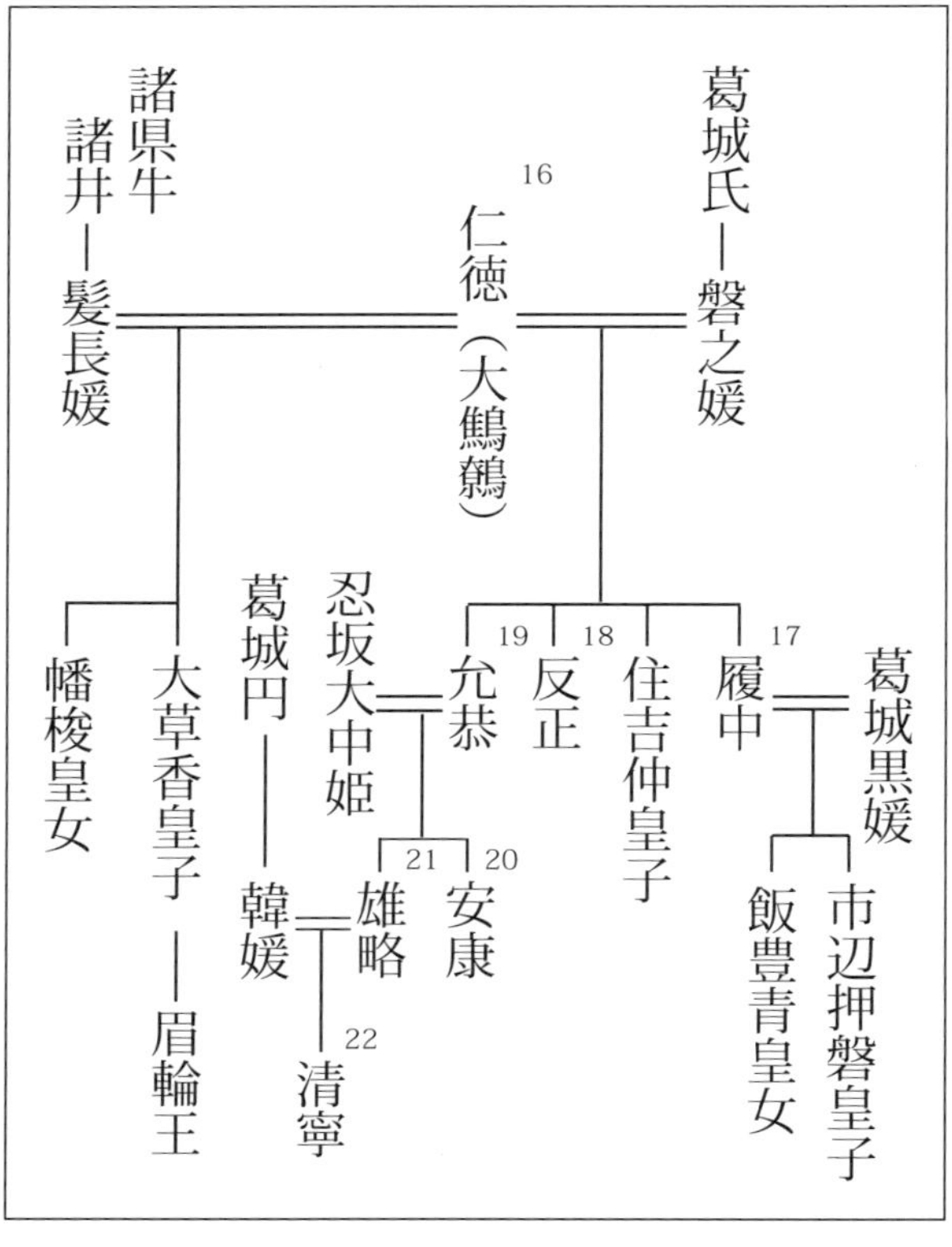

※数字は天皇即位代数

大草香皇子亡き後、大草香の妻だった中蒂《なかし》姫は安康天皇に召されて眉輪王とともに宮中に入り、後に皇后になる。妹の幡梭《はたび》皇女は大泊瀬皇子にめあわされ、後、雄略天皇の皇后になる。

これが、眉輪王が安康天皇を父の仇として殺害したいきさつ。親子二代にわたる悲劇だった。

眉輪王が逃げ込んだ葛城円大臣は、父が玉田宿祢、祖父が葛城襲津彦とされる。葛城氏全盛時代の族長的立場にあったとみられる。もし、眉輪王をかくまって軍事的抵抗を示しておれば、天下を二分する大乱になっていたかもしれない。

　というのは、もしかすると眉輪王にはそれなりの計略があったのではないかと推測できないこともないからだ。眉輪王と強いつながりをもつ草香王家と葛城氏が組めば雄略の大王権に対抗できるかも知れない――との計算、計略である。いまとなっては、確かめる術はない。

極楽寺ヒビキ遺跡

　葛城円大臣に関係する建造物ではなかったかとみられる遺構が奈良県御所市で発見されている。極楽寺ヒビキ遺跡と呼ばれる。二〇〇五年に発掘された。水の祭の導水施設、祭殿、工房跡、倉庫跡などが見つかり、古代豪族の葛城氏に関わる巨大集落遺跡とされる南郷遺跡群の一角にあたる。

　発掘調査した橿原考古学研究所の坂靖氏と青柳泰介氏が著した『葛城の王都―南郷遺跡群』（新泉社）によると、古墳時代中期中ごろ（五世紀前半）の遺構で、三方が絶壁の高台に、両岸に石垣を積んだ堀と塀で区画された約二〇〇〇平方メートルの敷地があり、内部に大型掘立柱建物跡と広場があった。大型建物は、五間×五間のほぼ正方形で、床面積約二二〇平方メートル。「高殿」（楼閣のように高くつくった建物）とみられた。

　特徴的なのは用いられた柱の形。一般的な円形（丸太）ではなく、へん平な板柱。北東約三キロにあり、葛城氏の始祖といえる人物が被葬者である可能性が高いとされる室宮山《むろのみややま》

極楽寺ヒビキ遺跡。崖っぷちに５世紀前半の大型建物遺構があった（御所市極楽寺）＝橿原考古学研究所提供

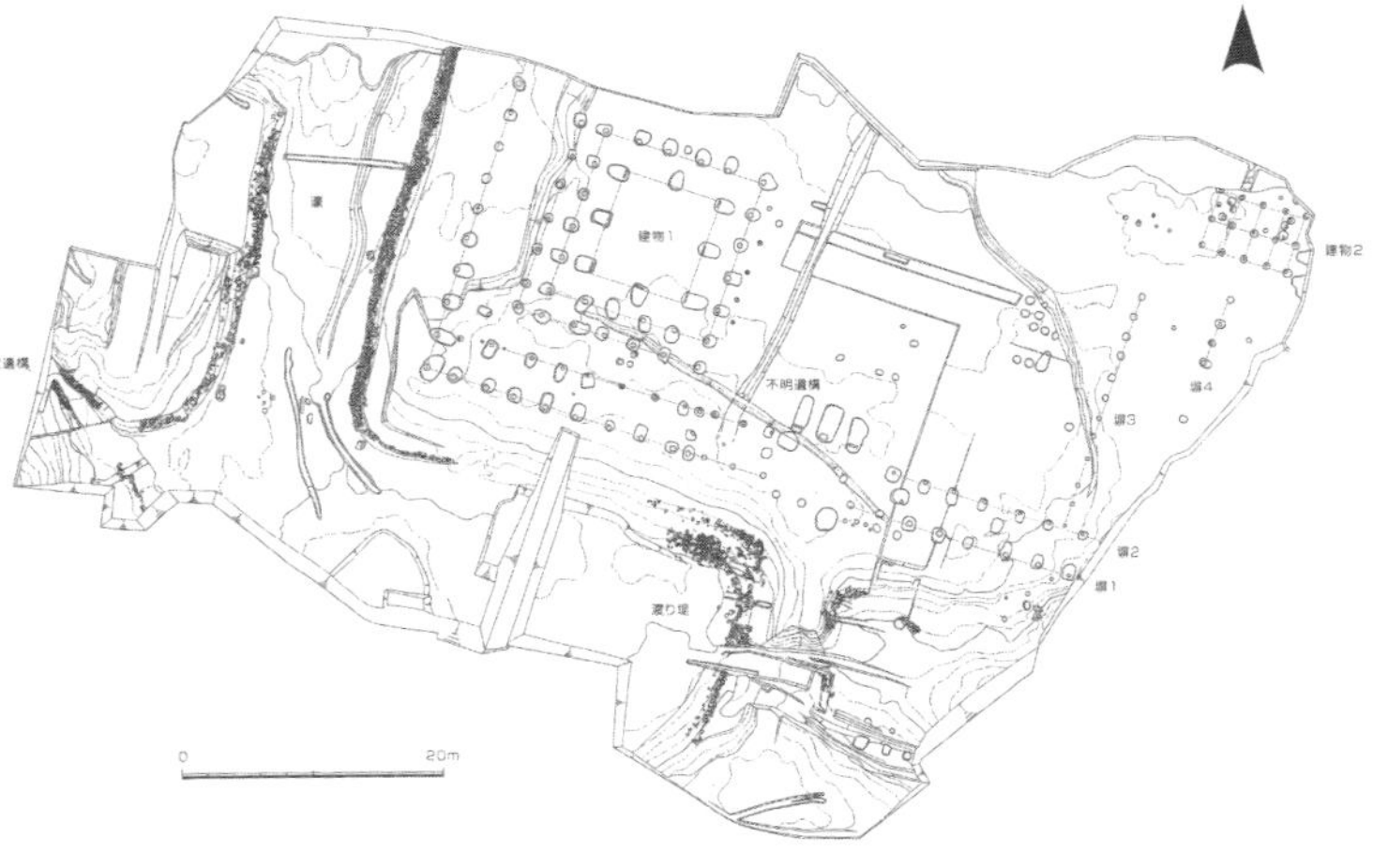

極楽寺ヒビキ遺跡　遺構配置図

極楽寺ヒビキ遺跡遺構配置図
（橿原考古学研究所附属博物館編図録『葛城氏の実像』より）

古墳の主体部から出土した家形埴輪に見られる板柱とそっくりだった。造られた年代は家形埴輪の方が少し早いものの、どちらがモデルなのか分からないほど共通する造作だった。

屋敷遺構に井戸はなく、日常生活にかかわる遺物も出土しなかった。また、建物に

㊤極楽寺ヒビキ遺跡で検出された大型建物遺構の復元模型　㊦室宮山古墳から出土した家形埴輪。扁平な板柱を用いたのが特徴的
（いずれも橿原考古学研究所附属博物館提供）

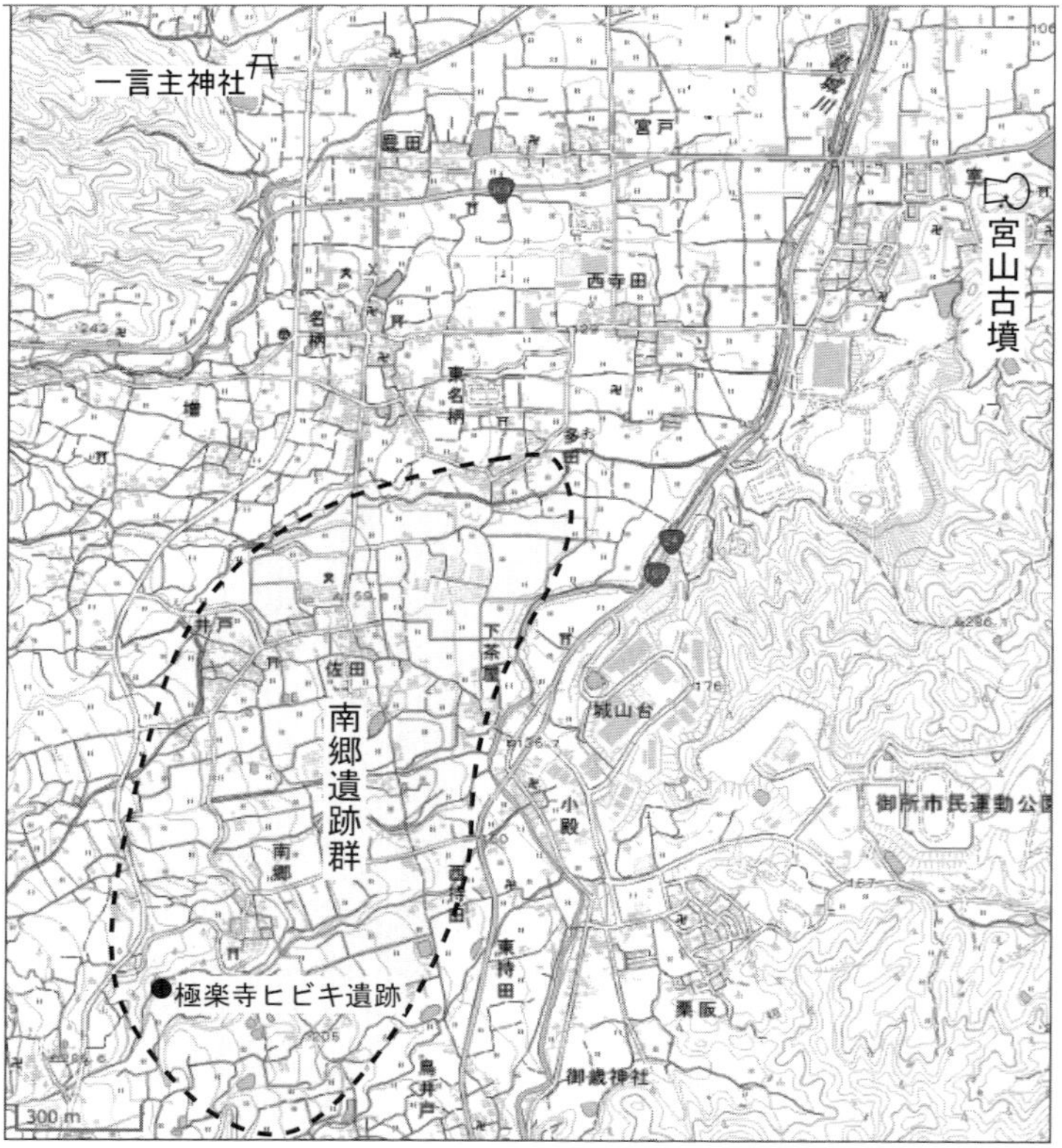

は壁がなく風が吹き抜ける構造。このため住むための居館ではなく、葛城の王が国見をするための高殿か、特別な下知などに用いられた政庁のような施設だったと考えられている。焼土が見つかり火災で焼失したことをうかがわせた。眉輪王をかくまったために雄略天皇に焼かれた円大臣所有の構築物だった可能性は大いにある、とみられている。

五世紀、天皇家（大王家）と葛城氏の関係は微妙だった。いわゆる応神王朝の天皇（大王）は、仁徳天皇と葛城襲津彦の娘、磐之媛《いわのひめ》の間にできた履中《りちゅう》、反正《はんぜい》、允恭《いんぎょう》が次々と即位した。履中、反正の頃まで、外戚・葛城氏は全盛を誇り、大王権と葛城氏は蜜月状態にあったとみられる。ところが、息長《おきなが》氏出身の忍坂大中姫《おっさかのおおなかひめ》（後の皇后）の強い奨めで即位したと記紀が伝える允恭天皇の時代に一転、対立が生じる。『日本書紀』は、允恭天皇はその五年、命令に従わなかった襲津彦の孫、玉《たま》田宿祢《たのすくね》を攻め殺した、と伝える。

大中姫の産んだ安康、雄略が即位すると対立はさらに深まり、眉輪王事件が起き、葛城本宗家が滅ぼされるのである。雄略は、履中天皇と葛城氏出身の黒媛の間にできた市辺押《いちべのおし》磐《わ》皇子も殺し（詳しくは後述）、葛城氏を圧倒、絶対君主へと上り詰めていくのである。

忍海角刺宮《おしぬみのつのさしのみや》

大泊瀬皇子《おおはつせ》が雄略天皇《ゆうりやく》として即位する以前に話を戻す。

眉輪王《まよわ》と葛城円《つぶら》大臣を殺害したあと、皇位を狙う大泊瀬皇子にとって最大のライバルは、履中天皇《りちゅう》と葛城黒媛の間に生まれた市辺押磐皇子《いちべのおしわ》だった。

大泊瀬皇子は、市辺押磐皇子のもとに人を遣わし、「近江（いまの滋賀県）の狭狭城山君《ささきのやまのきみ》韓帒《からふくろ》が、来田綿《くたわた》の蚊屋野《かやの》あたりには猪や鹿がたくさんいると言っている。あまり風が冷たくない日に、一緒に馳猟《かり》を楽しもう」と、蚊屋野へ馳猟に誘い出した。

馳猟の当日、大泊瀬皇子は「猪がいた」と偽って大声を出し、市辺押磐を弓で射殺した。市辺押磐に付き従っていた帳内《とねり》の佐伯部《さえきべの》売輪《うるわ》は驚き、大声を出して転がり回ったと伝える。大泊瀬は、市辺押磐の従者たちも皆殺しにしてしまった。

市辺押磐皇子と大泊瀬皇子とは従兄弟の間柄だった。市辺押磐の母の黒媛は、葛城氏一族の葦田宿祢《あしだすくね》の娘。皇子に対する葛城氏族の期待は大きかった。雄略天皇即位前紀に、安康《あんこう》天皇がかつて市辺押磐に皇位を譲り後事を託そうと考えていたのを、大泊瀬皇子は、恨んでいた、と書く。

　雄略天皇は在位二十三年でこの世を去る。四七九年ごろと推測される。葛城円大臣から『献上』された葛城韓媛《からひめ》との間に生まれた第三子の白髪《しらか》皇子が即位、清寧《せいねい》天皇となった。清寧は身体が弱かったのだろうか、生まれつき髪が白かったという。妃の名前は見えず、子供もなかった。

　後継者問題が浮上しかけたころ、播磨国に遣わした伊予来目部小楯《いよのくめべのおたて》が、赤石郡《あかしのこおり》の縮見《しじみ》（兵庫県三木市志染《しじみ》付近とされる）に隠れ住んでいた市辺押磐皇子の子、億計《おけ》王・弘計《をけ》王の兄弟を見つけ出した。

　二皇子発見のいきさつは顕宗《けんぞう》天皇即位前紀に詳しい。

　近江の蚊屋野で父の市辺押磐皇子が雄略に射殺された後、二皇子はいったん丹波国の余《よ》

縮見《しじみ》の里。億計・弘計王の兄弟が隠れ住んでいたと伝承する（兵庫県三木市志染）

社郡《さのこおり》（京都府の丹後半島の与謝《よさ》郡付近）に身を隠した。やがて赤石郡へ移り、名前を変えて、縮見の屯倉の首の忍海部造細目《おしぬみべのみやつこほそめ》の使用人として仕えていたのだった。

伊予来目部小楯が縮見にやってきたのは、細目の家の新築祝いの宴席だった。夜が更け、宴席で燭をともしに回るなど立ち働いていた兄弟の立ち居振る舞いに目を付けた小楯がひとさし舞を舞うように命じた。

兄の億計王がまず舞った。次いで弟の弘計王が「築き立つる　稚室下葛根、　築き立つる杭は、　比の家長の　御心の鎮なり…」と新築の祝いの舞を舞った。さらに続けて、

倭《やまと》は　そそ茅原《ちはら》　浅茅原《あさぢはら》　弟日《おとひ》　僕《やつこ》らま

「私は浅茅原の弟王である、日本の国の弟王である」と名乗りを上げたのである。「市辺宮《いちべのみや》に天下治しし…」と市辺押磐の子であることも名乗り上げた。

小楯は驚き、席を替えて兄弟を上座に座らせ、何度も拝礼した。大和の朝廷に迎えられた二王は、清寧天皇の後継者と定められ、兄の億計王が皇太子になった。

清寧天皇は在位四年で亡くなった。清寧の死後、二王は皇位を譲り合った。弟の弘計王は「皇太子である兄が皇位につくのが当然」としたのに対し、兄の億計王は「身分を明らかにして迎えられることになったのは弟の功績」と譲らなかった。

最終的には、弘計王が承諾して顕宗《けんぞう》天皇と

なり、兄の億計王も顕宗の死後、仁賢《にんけん》天皇となるが、二王が譲り合っている間が長かったため、姉の飯豊青皇女《いいとよのあお》が忍海角刺宮《おしぬみのつのさし》で政治を執った。

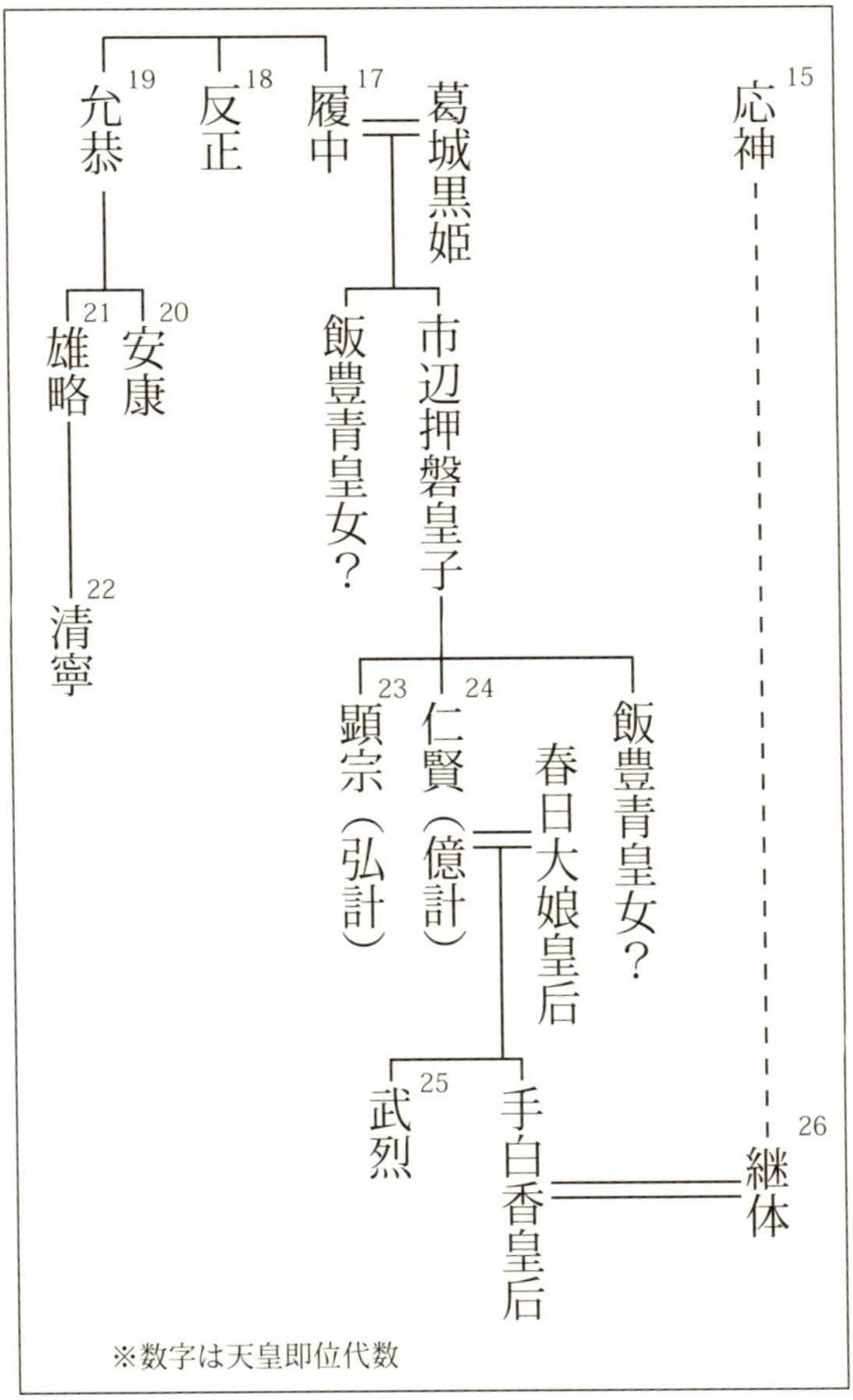

人々は、「倭辺《やまとへ》に　見が欲しものは　忍海の　この高城《たかき》なる　角刺の宮」と歌った。

飯豊青皇女は、忍海郎女《いらつめ》、忍海部女王などとも呼ばれた。『古事記』では、億計・弘計王の姉ではなくて叔母だったとし、二王の発見は皇女の託宣によるものとする。

清寧紀には、初めて男と交わったあと、「わずかばかり女の道を知ったが、何も変わったこ

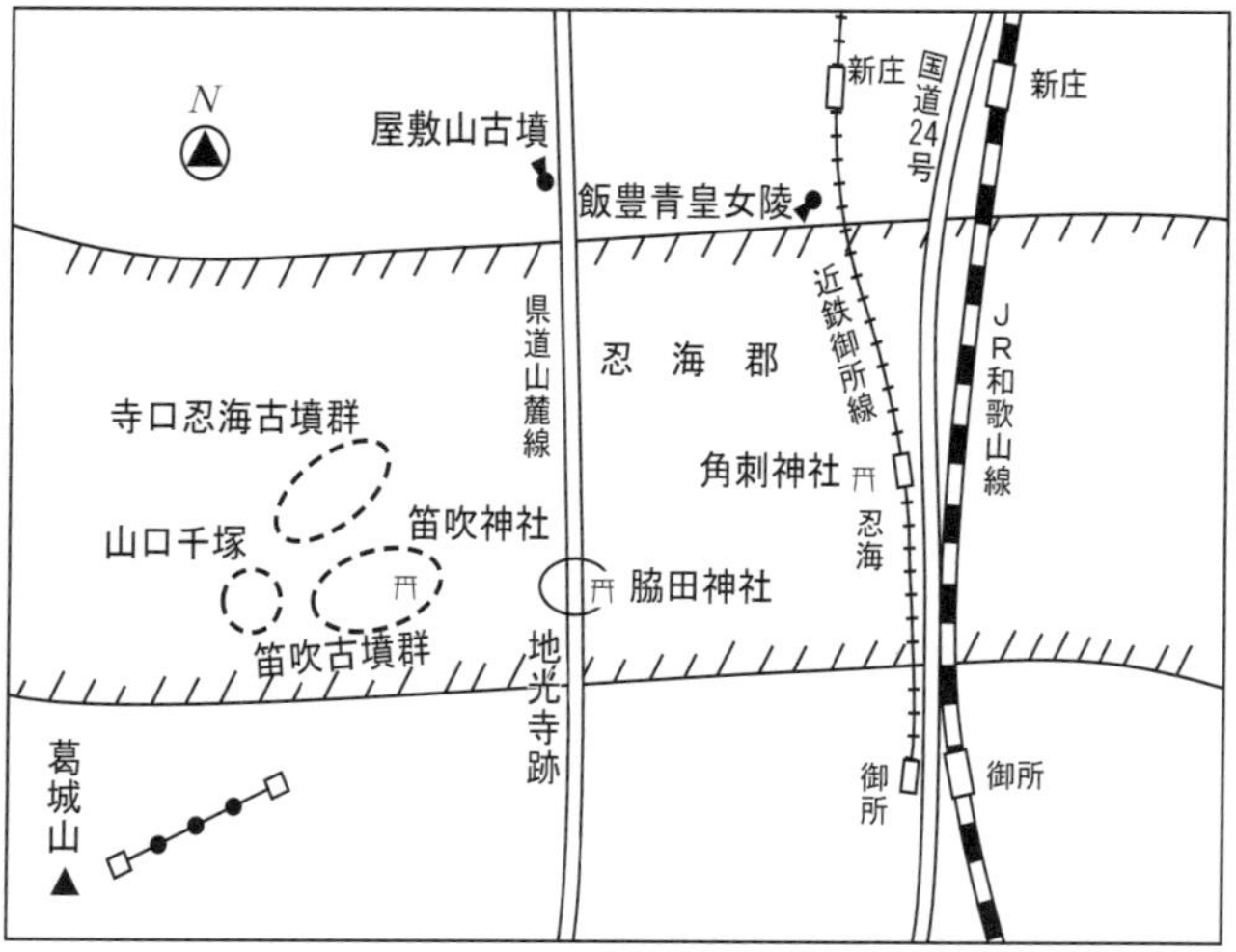

とはないので今後は交わらない」と語ったとする記事があり、皇女にシャーマン的性格を見い出す研究者が多い。

『扶桑略記』は皇女の即位を認め、第二十四代天皇とする。記・紀は「称制」として即位したとはしないが、いずれにしても五世紀末の揺れ動く王権の中で重要な役割を果たした女性といえる。深い謎を秘める女性でもある。

旧北葛城郡新庄町（現葛城市）の南半分と御所市の北辺部を占めるあたりに、かつて忍《おし》海《み》郡があった。葛城山の東方に設置された東西に細長い小郡で、南側の葛上《かつじょう》郡、北側の葛《かつ》下《げ》郡にはさまれていた。古代以来、明治三十年に葛上郡と合併して旧南葛城郡となるまで続いた。

その中心地というべきところに、大字忍海がある。白壁の土蔵の多い古い集落。その東入り口、ちょうど近鉄御所線忍海駅の西側に角刺《つのさし》神社がある。祭神は飯豊青皇女。ホコラのような社殿がポツリとあるだけの小さな神社だが、「見が欲しもの」と歌われるほど立派だったという角刺宮は同社付近にあった、と伝承する。

地名学者の池田末則は、角刺の「角」はカド＝カツであり、ツヌ＝ツル（蔓）でもあって「葛」に通じ、「刺」はサシ（城）とみた。つまり、「角刺」は「葛城」と同義という。そして、あたかも葛上、葛下郡を分割するように忍海郡が設置されたのは、同地に葛城の中心としての特別な意味があったからとみなす。

飯豊青皇女は市辺押磐皇子の姉か、あるいは子女かはっきりしないが、葛城氏の血を引く。池田氏は「葛城氏最後の栄華を担った人物」と推測する。その皇女を葬るという葛城

角刺神社。付近に飯豊青皇女が政治を執った忍海角刺宮があったと伝える（葛城市忍海）

埴口陵《はにくち》は、角刺神社の北方約八〇〇メートルの同町北花内にある。全長約九〇メートルの前方後円墳である北花内三歳山古墳《きたはなうちさんさいやま》だ。

飯豊青皇女の埴口丘陵に治定された北花内三歳山古墳
（葛城市北花内）

億計・弘計王は長く皇位を譲り合ったが、結局、名乗りを上げて迎えられるきっかけをつくった弘計王が先に即位して顕宗天皇となった。顕宗の死後、兄の億計王が即位して仁賢《にんけん》天皇となった。

顕宗紀には、二人の兄弟が、父、市辺押磐の無念の最期を思い起こして涙を流し合う記事がある。

顕宗天皇の命で、蚊屋野で遺骸の捜索を始めた。置目《おきめ》という一人の老婆が埋めた場所を知っていた。掘り起こしてみると二体分あった。市辺押磐の分と帳内の佐伯部売輪の分とみられた。頭蓋骨は何とか判別できたが、他の骨は見分けがつかなかったので、そっくりな陵を二つ造り、葬儀も同じようにした、と伝える。

いまも、滋賀県東近江市市辺町にその陵墓と伝える古墳が残っている。住宅地の中に円墳が二つ並び、二つとも宮内庁治定の陵墓として管理されている。

遺骨の発見に功のあった置目は、都に上り、長く天皇のもとで暮らした、という。また、置目の兄、倭俗宿祢《やまとのふくろのすくね》は、近江の名族、狭狭城山《ささきやま》君の祖となった、と伝える。

顕宗紀によると、弘計王（顕宗天皇）はなお収まらなかった。「父の仇に報いたい」との思いを抑えることができず、雄略天皇の陵を壊そうとした。兄の億計王は「大泊瀬天皇は正当な天皇であり、その子の白髪天皇（清寧）のご恩でいまの我々はある。陵を破壊す

円墳が二つ並ぶ市辺押磐皇子の墓（滋賀県東近江市市辺町）

れば人心が乱れてしまう」と諫めた。顕宗は聞き入れて中止した、とする。

河内大塚山古墳。本当の雄略天皇陵との見方もある
（大阪府羽曳野市・松原市）

『古事記』は少し違う。意祁《おけの》命《みこと》（億計王）が自ら雄略陵へ赴き陵の傍の土を少し掘り、「すでに掘り壊《こわ》ちぬ」と報告、「天皇の陵を壊せば後世の人にそしられる。しかし、仇には報いなければならない。故に少しだけ掘った」と弟の天皇を諫めたと伝える。

雄略天皇陵はいま、大阪府羽曳野市にあるが、どうやら別々の円墳と方墳を前方後円墳のように見立てて治定したものらしい。稀代の英雄を葬る陵としてはあまりにもみすぼらしい。

古市古墳群内にある河内大塚山古墳（羽曳野市・松原市）が本当の雄略天皇陵との見解がある。同古墳は全長三三五㍍もの巨大古墳ながら、ひとつぽつりと陵墓指定からはずれている。前方部が削平されるなど傷みがひどい。まるで壊され、途中で放置されたようでもある。

鉄の忍海

　葛城市笛吹の葛城山麓に笛吹《ふえふき》神社がある。正式には、葛城坐火雷《かつらぎにいますほのいかづち》神社という。『延喜式』の名神大社。古代朝廷で楽奏を職とした笛吹連《むらじ》らが祭った、といわれる。

　同社の周辺には古墳が多い。本殿のすぐ西隣にも、横穴式石室が開口、立派な凝灰岩の家形石棺が安置された笛吹神社古墳がある。この古墳を含む群集墳を笛吹古墳群と呼ぶが、近くには山口千塚古墳群や寺口忍海古墳群もあり、古墳の数は数百基に上る。

　寺口忍海古墳群で昭和五十九年から同

笛吹神社境内にある笛吹神社古墳
（葛城市笛吹）

寺口忍海古墳群。㊤何度も追葬が可能な横穴式石室が築かれた（橿原考古学研究所提供）㊥㊦鉄鉗《かなはし》（ヤットコ）、鉄鎚《かなづち》、鉄床《かなとこ》、砥石《といし》などの鍛冶具の出土が目立った（橿原考古学研究所、葛城市歴史博物館提供）

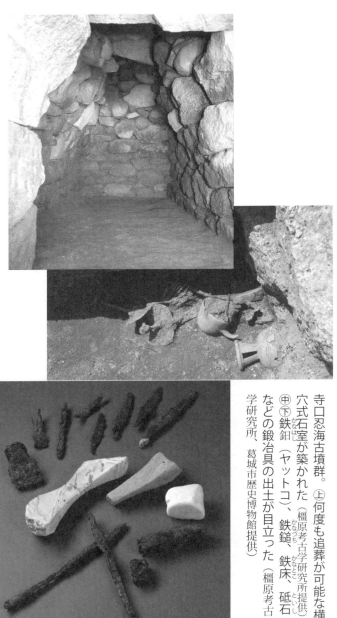

六十一年（一九八六）、約六〇数基が発掘調査された。鉄鉗《かなはし》（ヤットコ）、鉄床《かなとこ》、鉄鎚《かなづち》などの鍛冶道具が出土した。また、鉄製の馬具、鉄製の紡錘車、スキ先、カマなど鉄製品が多く出た。これらには朝鮮半島と関係深い遺物が目立ち、渡来系の鍛冶集団の埋葬を示唆した。

笛吹神社から傾斜地を東に下ると、県道山麓線に沿って二つの古代寺院遺跡がある。葛城市脇田の脇田神社境内に直径二・五メートルほどもある大きな塔心礎の礎石がある。また、西に一五〇メートルほど離れたところでも塔跡が発掘されている。東側は白鳳時代の、西側は奈良時代の伽藍《がらん》遺構とされ、地光寺跡と呼ばれる。

なぜ二カ所あるかは分かっていないが、新

脇田神社境内にある地光寺跡の塔礎石（葛城市脇田）

羅系の特異な鬼面文のある軒丸瓦《がわら》の出土で名高い。太い眉《まゆ》、細い目。写実的でいかつい鬼の顔。類例は、明日香村の大宮大寺跡、滋賀県長浜市の柿田遺跡ぐらいでしか見つかっていない。

地光寺跡から出土した鬼面文軒丸瓦
（橿原考古学研究所附属博物館提供）

同寺院からは、鉄滓《さい》を含む炭層も多く見つかった。鉄器製作と何らかのつながりをうかがわせた。

　応神紀に、葛城襲津彦が新羅から連れ帰った人々が桑原、佐糜《び》、高宮、忍海に住み、四邑の漢人《あやびと》らの始祖となった、との記事があることは既に書いた。和田萃《あつむ》氏によると、その中の忍海漢人は、鍛冶に従事する渡来系集団だったことが、奈良時代の文献などから分かる、という。

　渡来人の古墳、新羅系の鬼面文瓦、鍛冶関係遺品…。忍海の古代遺跡は、渡来系鍛冶集団がいたという文献記録とよく符合する。

　億計《おけ》王と弘計《をけ》王が隠れ住んでいたのは播磨の赤石《あかし》郡の忍海部造細目《おしみべみやつこのほそめ》の家だったとされ

る。近江の蚊屋野《かやの》で父の市辺押磐《いちべのおしわ》皇子が雄略に射殺された後、二皇子はいったん丹波国の余社郡《よさのこおり》（京都府の丹後半島の与謝《よさ》郡付近）に身を隠した。やがて赤石郡へ移り、名前を変えて縮見《しじみ》の屯倉《みやけ》の首の細目の使用人として仕えていたのだった。なぜか「忍海」なのだ。

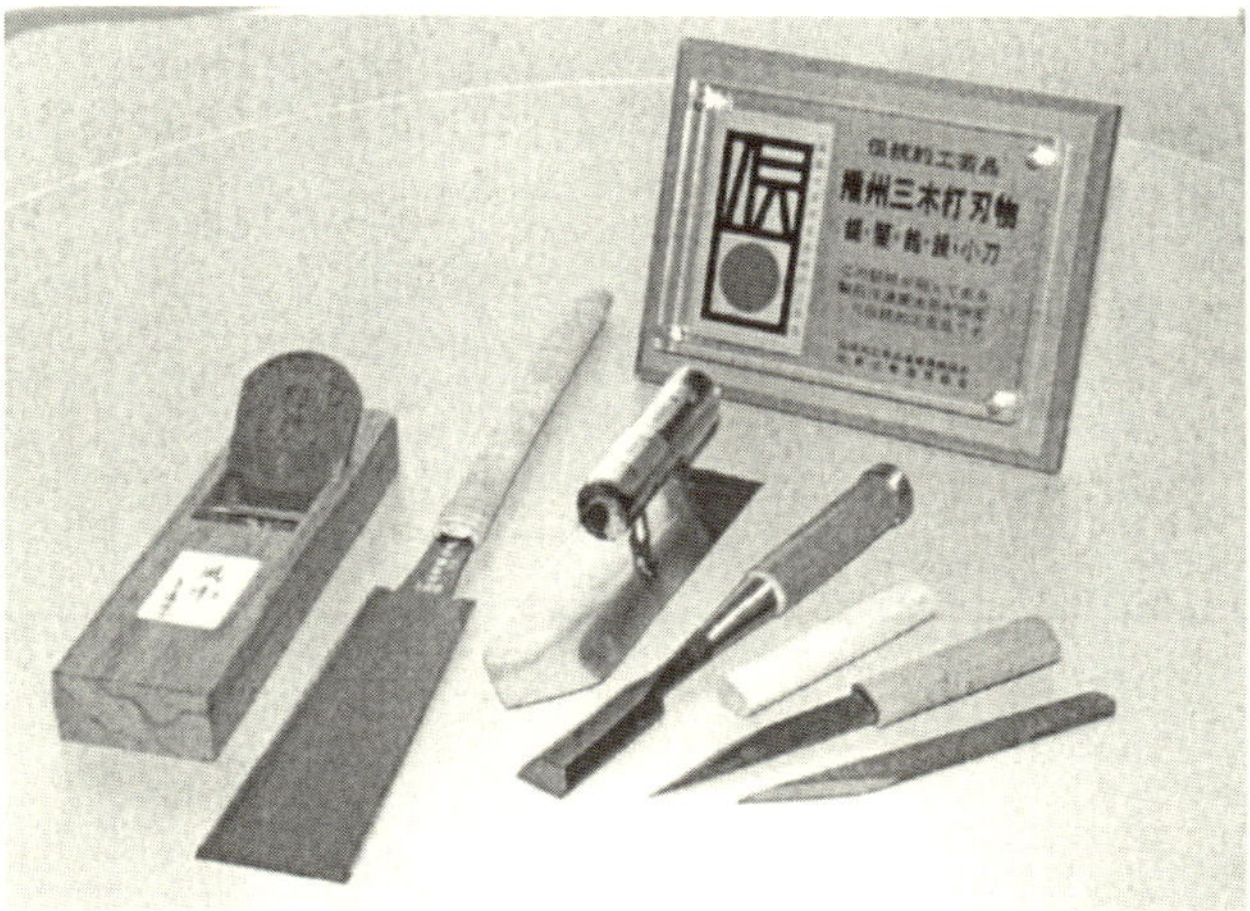

三木金物。鋸《のこぎり》、鑿《のみ》、鉋《かんな》、鏝《こて》、小刀《こがたな》の５品目が国の伝統工芸品に指定されている（三木市提供）

忍海部造細目の家があったという縮見は兵庫県三木市の志染《しじみ》に比定できるが、平安時代の記録によると三木市付近には韓鍛冶が居住したらしい。そして、「三木金物」はいまも名高い。のこぎり、のみ、かんな、こて、小刀など工匠具類や手引のこぎりは全国的に知られ、「三木金物」は特許庁の地域団体商標となっている。市立金物資料館があり、毎年十一月には「三木金物まつり」が催されている。

「忍海」と「鍛冶」は、時空を隔てながらなぜか結びつくのである。

コラム ひしめく名神大社

葛城地域には、『延喜式』で最も格が高い神社とされる名神《みょうじん》大社が七社もある。鴨都波《かもつわ》神社（御所市宮前）、葛木御歳《みとせ》神社（同市東持田）、高鴨《たかかも》神社（同市鴨神）の鴨三社をはじめ、一言主《ひとことぬし》神社（同市森脇）、葛木水分《みくまり》神社（同市関屋）、高天彦《たかまひこ》神社（同市北窪）、そして旧新庄町にある葛城坐火雷《かつらぎにいますほのいかづち》神社（笛吹神社＝葛城市笛吹）である。葛城地域も南寄り、忍海・南葛城郡に集中している。

大和の名神大社は合わせて十四社。葛城地域の七社を除けば七社に過ぎないのである。石上《いそのかみ》神宮（天理市布留町）、大和《おおやまと》神社（同市新泉町）、穴師坐兵主《あなしにいますひょうず》神社（桜井市穴師）、大神《おおみわ》神社（桜井市三輪）、多《おお》神社（磯城郡田原本町多）、飛鳥坐《あすかにいます》神社（明日香村飛鳥）、それに金峯《かねのみたけ》神社（吉野町吉野山）の七社である。飛鳥坐神社と金峯神社は比較的新しく、

コラム　ひしめく名神大社

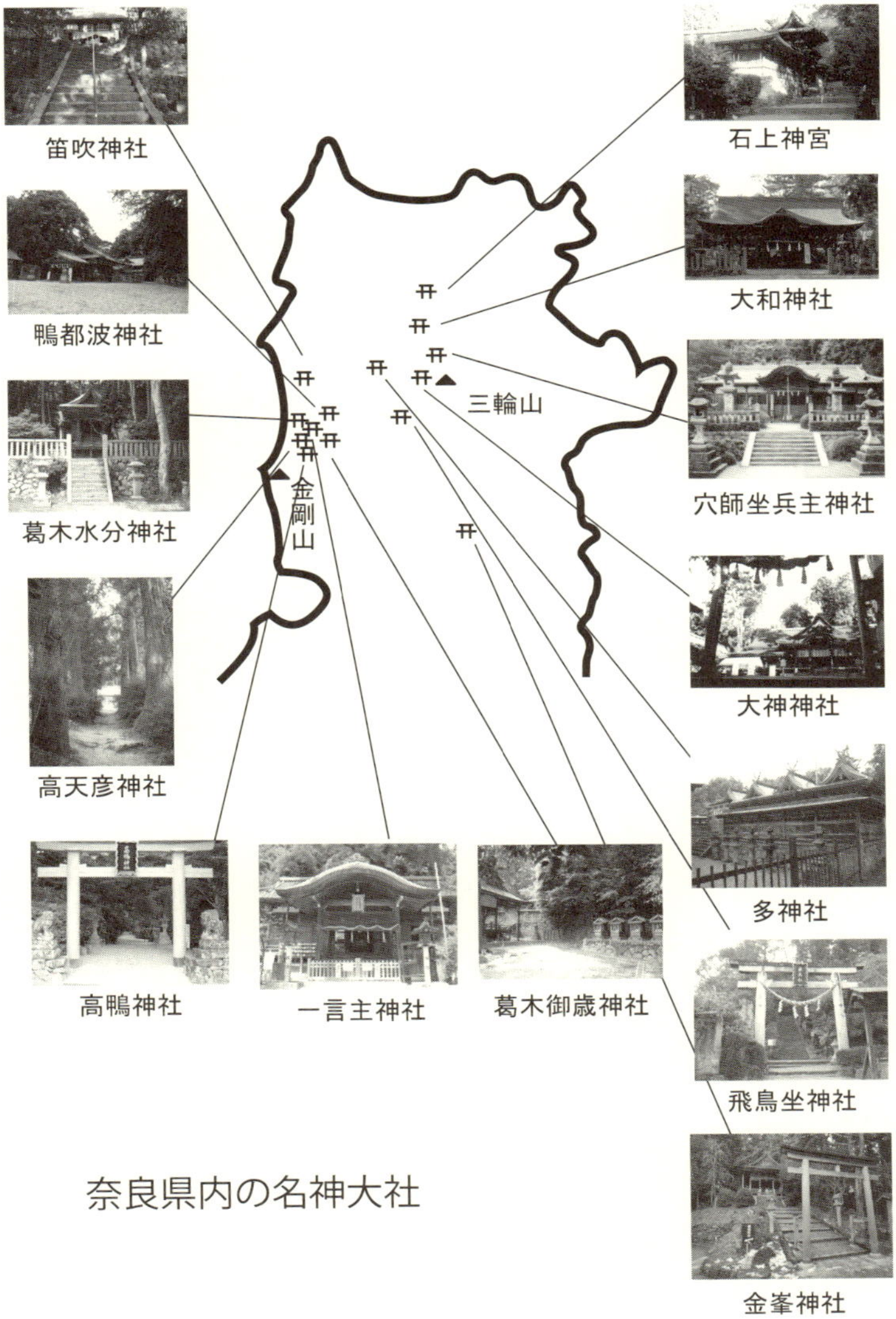

奈良県内の名神大社

古社の大方は、ヤマト王権発祥の地とされる山辺・磯城地方に集中している。

『神々と天皇の間』（朝日新聞社）を著した鳥越憲三郎氏は、「大和の中でなぜ東と西にへだたった二つの山麓だけ、最高の社格をもつ古い神社が集中しているのだろうか。この神社の配置からみても、東西の二つの地域が古代の文化と政治の中心となっていたことがわかる」と指摘した。

少なくとも南葛城地方が、ヤマト王権発祥の地の山辺・磯城地方に負けない、古くて、深い歴史をもつ地域であることを示しているのではなかろうか。鳥越氏は、葛城地域を「日本の神話の古里」と呼んだ。

巨勢《こせ》

巨勢《こせ》は御所市の東南部一帯を指す地名である。御所市域に残るもう一つの古代地名である。

巨勢川（曽我川）が北流し、ちょっとした渓谷《けいこく》をつくる。巨勢川に沿って紀州街道（巨勢道）やJR和歌山線と近鉄吉野線の線路が通じ、中心集落の古瀬には「吉野口」の駅がある。五條・和歌山方面ばかりでなく吉野へも通じる交通の要衝であった。

この巨勢地方を本拠とした古代豪族に巨勢

巨勢谷の巨勢川と巨勢道（御所市古瀬）

（許勢）氏があり、一族の活躍ぶりは『日本書紀』の各所に散見される。

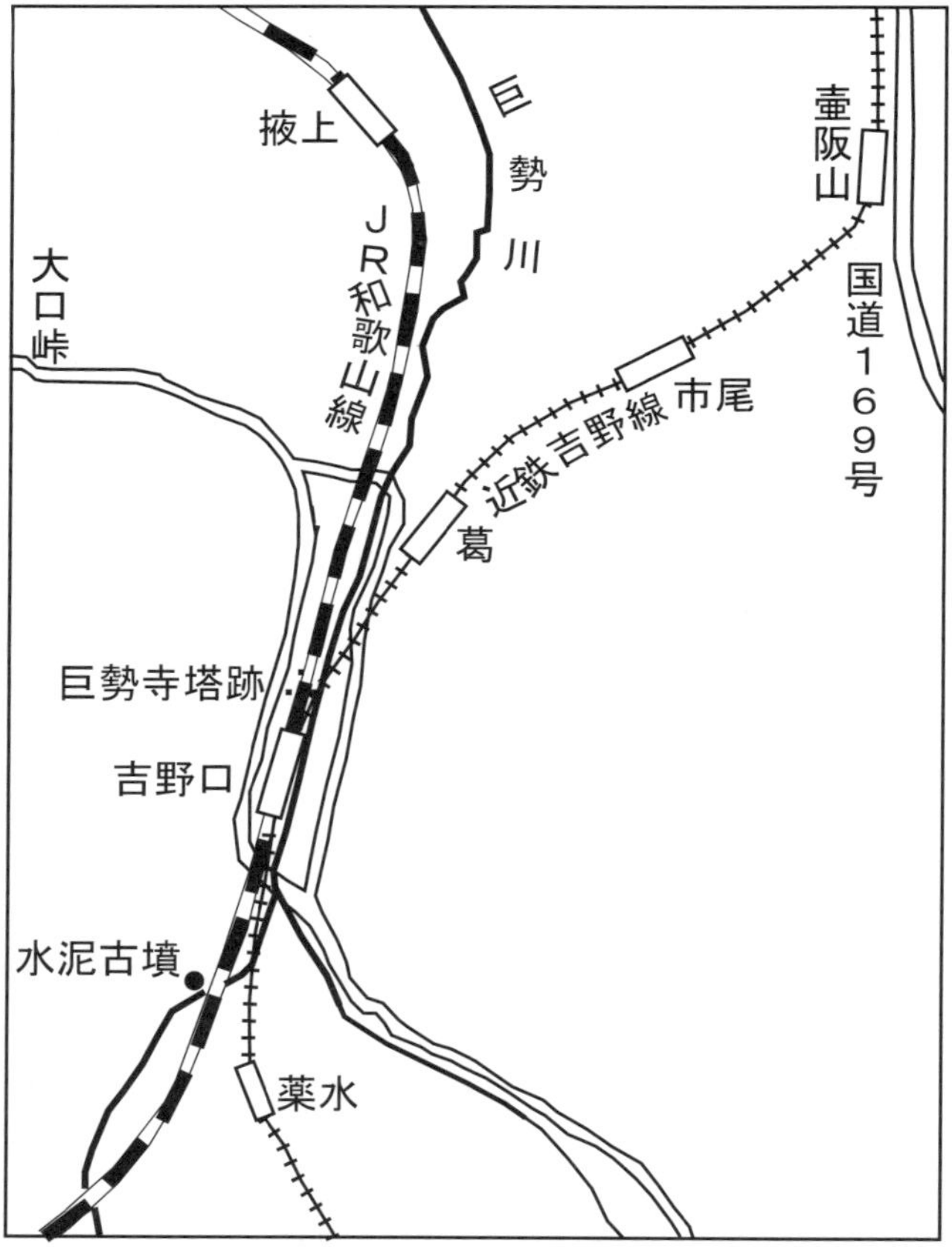

例えば大伴金村らとともに、三国《みくに》の坂中井《さかない》（福井県三国町）から応神天皇五世孫の男大迹《おほど》王を招き継体天皇として擁立することに成功した許勢臣男人《こせのおみおひと》あたりから頭角を現した。男人の娘の紗手媛《さてひめ》と香香利媛《かがりひめ》が安閑天皇の妃となった。

欽明《きんめい》天皇の時代には、許勢臣稲持《いなもち》という人物が大伴金村、物部尾輿《おこし》とともに天皇の難波行幸に同行している。直後に、朝鮮半島問題をめぐって大友金村失脚事件が起こるわけだが、稲持は、その金村や尾輿らと並ぶ高位にあったらしい。このほか欽明天皇三十一年に、漂着した高麗の使人のもてなしに活躍した許勢臣猿《さる》などもいる。

書紀には、天武天皇朱鳥元年（六八六）八月二十三日のこととして「巨勢寺に食封二百戸を封す」の記事がみえる。天武天皇の死の直前のことで、全国の寺社に天皇の病気平癒を祈っていた時のことだった。

巨勢寺は鎌倉時代末ごろまで続いたらしい。史跡・巨勢寺跡（御所市古瀬）には、中央に径一三センチ、深さ五センチの仏舎利孔、その外側に三重同心円溝、水抜孔などがある立派な塔心礎の礎石が残る。付近からは、素弁蓮華文、単弁蓮華文、複弁蓮華文などの鐙《あぶみ》（丸）瓦、

巨勢寺塔跡（御所市古瀬）

巨勢山古墳分布図
御所市文化財調査報告書第２５集『奈良県御所市巨勢山古墳群Ⅲ』
（御所市教育委員会編 2002）より

重弧文、唐草文の宇《う》（平）瓦が大量に出土している。壮大で華麗な伽藍を誇る古代寺院だったらしい。

巨勢山の　つらつら椿　つらつらに
見つつ思《しの》はり　巨勢の春野を
〈万葉集巻一―五四〉

文武天皇大宝元年（七〇一）、太上天皇（退位した持統天皇）が紀伊国へ向かう途中、坂門《さかと》人足《ひとたり》が巨瀬野を詠じた歌と伝える。「椿の木、よくよく見て偲ぼうではないか。椿の咲き満ちる巨勢の春の眺めを」というような歌意だろう。巨勢は椿の名所だった。

巨勢山は古瀬の街や巨勢寺跡の西にあ

水泥《みどろ》古墳（御所市古瀬）

南の古墳の石室内には素弁蓮華文を彫刻した石棺が
残る（御所市古瀬）

る円鐘形の小高い山。標高は二九六メートル。麓に巨勢山口神社がある。西側一帯の丘陵は古墳の山といっていいほど多くの古墳がある。おもに六世紀代の後期古墳の群集墳でその数はおよそ六百基といわれる。ゴルフ場建設などによって破壊されたものも少なくない。

巨勢丘陵東麓斜面に二基の後期古墳がある。約六〇メートル間隔で南北に並ぶ。水泥《みどろ》古墳、水泥の双墓《そうぼ》などと呼ばれる。二基とも花崗岩を積み上げた横穴式石室が開口し、南の古墳の羨道にある石棺には素弁蓮華文を彫刻している。仏教とつながりがうかがえる古墳として稀有な存在。

二基の古墳は、蘇我蝦夷・入鹿父子が生前に築造したと『日本書紀』が伝える「大陵・小陵」、つまり「今木の双墓《ならびぼ》」の可能性もいわれた。しかし、考古学的に南の古墳は七世紀前半、北の古墳はそれよりやや古いと判断され、皇極元年（六四二）の築造と伝える蝦夷・入鹿父子の墓は時代的にやや合わないことなどもあり、今日では、同説を唱える研究者はほとんどいなくなった。

巨勢（許勢）氏を葬るか
條ウル神古墳

御所市篠の篠ウル神古墳は、平成十四年（二〇〇二）一月、御所市教育委員会の確認調査で、明日香の石舞台古墳級の巨大横穴式石室が〝再発見〟され、世間を驚かせた。

古墳の存在は早くから知られていた。巨大な横穴式石室があり、縄掛突起が八つあるという非常に珍しい家形石棺が埋まっているらしいということも、大正五年（一九一六）に

條ウル神古墳（御所市篠）

刊行された報告書から知られていた。ただ、報告書の信ぴょう性を疑う研究者も少なくなく、〝幻の古墳〟のような存在だった。調査を担当した御所市教委の藤田和尊氏は「実際に中に入ってみると、まさにその（報告書）通りのものがそこに存在した」と驚いた、という。（御所市教育委員会編『古代葛城とヤマト政権』〈学生社〉より）

同書に掲載された元橿原考古学研究所の石野博信、河上邦彦両氏を交えた座談会によると、横穴式石室と石棺の大きさ、豪華さなどは奈良県内の後期古墳の中でも三位クラスに入るという。つまり、藤ノ木古墳（斑鳩町）をしのぎ、欽明天皇陵の可能性が高いとされる見瀬（五条野）丸山古墳（明日香村）、

條ウル神古墳の横穴式石室
（御所市教育委員会提供）

蘇我馬子の墓とされる石舞台古墳（同）に次ぐ豪華さで、直径一二〇メートルの大円墳で物部氏関連墓とみられる石上の塚穴山古墳（天理市）と並ぶ規模だという。

墳形は、見た目ではほとんど分からなくなっているが、二〇一四年度に一一カ所のトレンチを入れて発掘調査を実施した結果、西北から東南方向の中軸線をもつ全長七〇メートルの前方後円墳であることがほぼ確実になった。

家形石棺の縄掛突起が長辺部に三対、短辺部に一対の合わせて八つあることも大いに注目された。普通は二対と一対の六つが多い。八つは奈良県内でも天理市のハミ塚古墳ぐらいしかないという。石棺の長辺の比率が大きく、細長いためかとみられるが、見た目は堂々としているという。

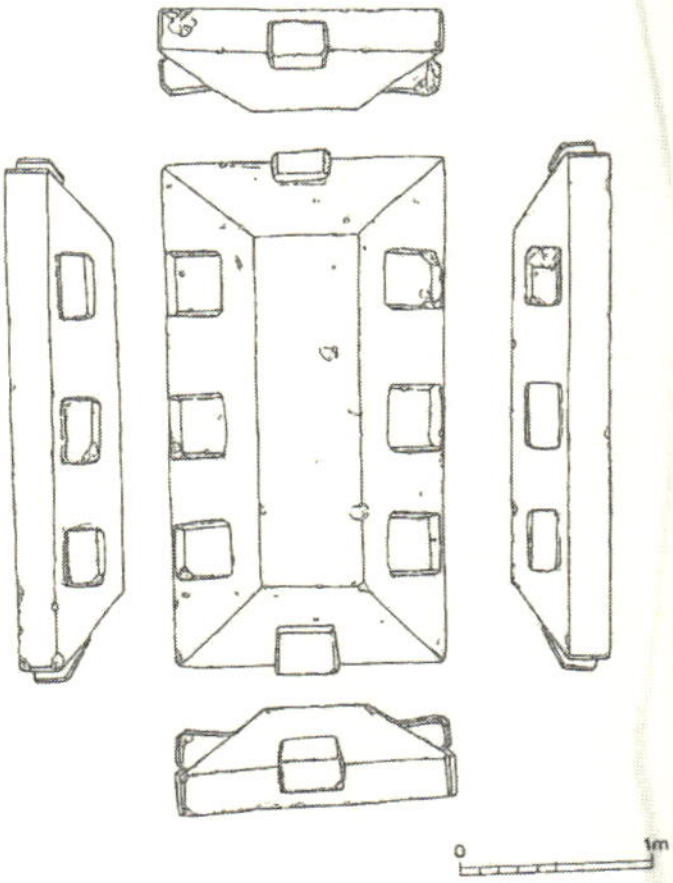

條ウル神古墳の家形石棺と実測図。縄掛け突起が８つある
（いずれも御所市教育委員会提供）

石室内は土が厚く堆積、石棺は幸い割られていなかったが、盗掘を受けたらしく蓋《ふた》がずらされていて、中にはやはり土が堆積していた。それでも、螺旋《らせん》状の銀製品（耳飾りか？）、冠《かん》か沓《くつ》の残片、小型銅鏡、金銅製の馬具の鞍《くら》橋《ぼね》、桂甲《けいこう》などが確認されているという。

完全無盗掘の〝処女墳〟とはいかないまでも、藤ノ木古墳の出土品と似た豪華できらびやかな副葬品や遺物が続々と出土する可能性を示唆するのである。

問題は被葬者である。立地は、巨勢山丘陵の北麓、秋津平野の南端という場所にある。普通なら葛城氏の誰か、ということになるところだろうが、古墳の築造時期は六世紀の後葉、もう少し詰めていえば六世紀の第三四半期との見方が強い。この時期、秋津平野の葛城氏はすっかり勢力を失っていたとみられるのである。というのは、五世紀末ごろまでに秋津平野に居た玉田宿祢と、「眉輪王の反乱」に巻き込まれた息子の円大臣《つぶら》が相次いでヤマト王権に殺されたと伝えるからである。

蘇我氏との関係を指摘する研究者もなくはないが、藤田氏をはじめ河上氏ら、石室内を見た多くの研究者は御所市東南部の巨勢地方を本拠とした巨勢氏の有力者を被葬者とみる。

古墳は秋津にあるが、すぐ東側の大口峠を越えれば巨勢谷である。逆にいえば、巨勢谷から大口峠を越えれば秋津の平野、さらにそれに続く大和平野や金剛・葛城、信貴・生駒の山並みが目に入り、パッと視界が開ける。

なかでも、欽明《きんめい》天皇の時代に大友金村《おおとものかなむら》、物部尾輿《もののべのおこし》らとともに権勢を誇っていた許勢臣稲持《いなもち》、さらに、越に漂着した高麗の使人の接待に活躍した許勢臣猿《さる》などが有力候補とされる。

それにしても、本格的な発掘調査が楽しみである。

国道 309 号の大口峠。前方が秋津平野。手前が巨勢谷

コラム

重坂《へいさか》峠と風の森峠

御所市の南は五條から吉野川・紀ノ川、そして和歌山へと通じている。巨勢谷から重坂《へいさか》峠を越える古代の紀路ルートはいま、ＪＲ和歌山線が通じている。また、金剛山東麓の風の森峠を越える国道24号ルートがあった。

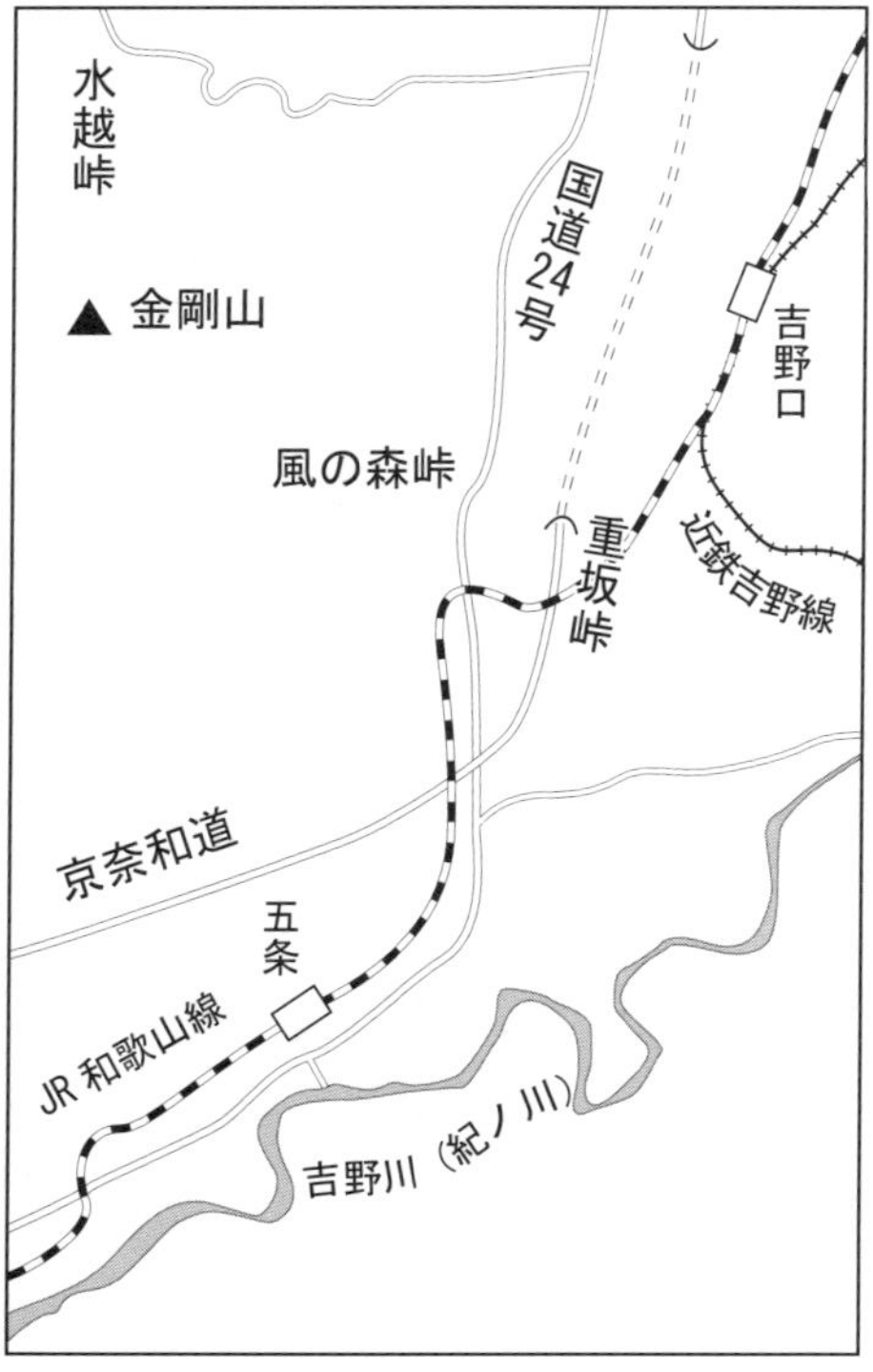

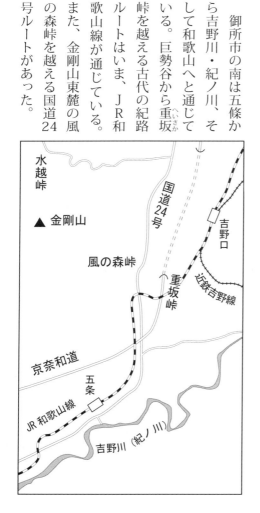

コラム　重坂峠と風の森峠

「紀路」は飛鳥から紀の国へ通じる道として古代からよく用いられた。愛する孫の建《たける》王（中大兄皇子の子）を亡くした斉明女帝は、四年の冬十月に紀温湯《きのゆ》（和歌山県の牟

風の森峠

重坂峠

婁温泉か白浜温泉）へ湯治に向かった。おそらく紀路を行ったものだろう。中大兄皇子ら朝廷の重臣たちも従った。留守の飛鳥で、有間皇子は、蘇我赤兄の甘言に乗り謀反を企てた。赤兄の通告で有間皇子はすぐさま逮捕され、藤白坂（和歌山県海南市付近）で処刑されるが、護送されたのもおそらく紀路だっただろう。

『続日本紀』には、天平神護元年（七五六）、称徳《しょうとく》女帝が紀州へ行幸の途中、草壁皇子を葬る「檀山陵《まゆみ》」にさしかかった時、全員が馬を降り、旗を巻いた、という記事がある。称徳女帝は聖武天皇の子、草壁皇子は曽祖父だった。草壁皇子の「檀山陵」はどこかはっきり分かっていないが、岡宮天皇陵か束明神古墳といわれる。明日香村から高取町に越える紀路に沿ってあったと考えられている。

風の森峠は金剛山の中腹といっていい高地にある。国道は冬は雪と凍結に悩まされる難所である。風の神をまつる祀がある。

巨勢山を貫く京奈和自動車道の開通で、風の森峠も重坂峠も通行量が激減した。

葛城県《かづらきのあがた》

推古天皇三十二年十月、蘇我馬子大臣は天皇に対し、

「葛城県《かづらきのあがた》は私の本来の居住地であり、姓名もその県にちなんでいます。永久にこの県を私に賜りたい」

と申し入れした。

　しかし、天皇は
「自分は蘇我の出身で、叔父の大臣の言ったことはどんなことでも聞き入れてきました。しかし、自分の治世に葛城県を失ってしまうようなことがあっては、後代、『愚かでかたくなな婦人が天下を治めたためにその県を滅ぼしてしまった』と言われるでしょう。そんなことがあれば私が不明だったということだけでなく、大臣も不忠とされ、後代に悪い名を残すことになるでしょう」

として聞き入れなかった。


〈巻第二十二・推古天皇〉

　推古天皇は、諱《いみな》を額田部《ぬかたべ》皇女、諡号《おくりな》を豊《とよ》御食炊屋《みけかしきや》姫といった。欽明天皇と蘇我稲目の娘の堅塩媛《きたしひめ》の間に生まれた第四子。母堅塩媛と馬子は姉弟だから、馬子は推古天皇の叔父

にあたった。

推古天皇は三十九歳で即位した。六二八年、七十五歳で死去するまで、在位は三十六年に及んだ。

推古天皇は、蘇我氏が次々と対立者を排除して独裁権力の確立をはかる過程で、蘇我氏にとってはなくてはならない〝頼みの綱〟だった。別の言い方をすれば、推古は蘇我氏の〝錦の御旗〟でもあった。

推古女帝は即位の翌年（五九三年）、厩戸《うまやど》皇子（聖徳太子）を皇太子に立て、政務のすべてを委ねた、と書紀は記す。「太子と嶋大臣（馬子）がともに政治を輔《たす》けた」とも伝える。推古、太子、馬子による共同執政が微妙なバランスを保ちながら進められたらしい。

推古朝は冠位十二階の制定、十七条の憲法の発布、遣隋使の派遣、国使・裴世清《はいせいせい》の受け入れなど国内政治体制の整備や国際化が大いに進められた。一方で、飛鳥寺、斑鳩寺などかつてなかった華麗な仏教寺院の建立が進んだ。推古は、そんな我が国最初の維新の時代を引っ張った女帝でもあった。

王権にとっても絶対に手放せなかった葛城。その葛城を、蘇我氏はなぜ欲しがったのか。

蘇我氏と葛城地方との関係は必ずしも明らかでない。蘇我氏が武内宿祢や葛城襲津彦の血をひく葛城一族という見方もないわけではない。また、皇極天皇紀によると蘇我蝦夷は、乙巳《いっし》の変（六四五年）の直前に、葛城の高宮に祖先の廟を造り、中国では天子にしか許されない「八佾《やつら》の舞」を催し、大きなひんしゅ

葛城高宮伝承地付近に広がる棚田（御所市森脇）

くを買ったという記事がある。

既に書いたように、葛城高宮はどこだったのかはっきり分かっていない。一言主神社北西の高宮伝承地（綏靖天皇高丘宮伝承地）、金剛山中腹の高宮廃寺跡付近、南郷遺跡群付近などの説が入り乱れている。いずれも葛城地方の重要ポイントには違いない。

ただ、蘇我氏の本貫地は大和では飛鳥・高市地方、あるいは曽我川流域、河内では南河内郡の太子町、河南町あたりとの見方が強い。こうした地域には蘇我氏と強いつながりをもつとみられる古墳や遺跡も数多い。それに対して、少なくとも御所市域の葛城地方は〝蘇我色〟は極めて薄い。蘇我氏が葛城にこだわった理由はどこにあったのだろうか。

葛城市の旧新庄町葛木に葛木御県《みあがた》神社がある。元は東約一〇〇トル《メー》の西光寺（廃寺）境内

葛木御県神社（葛城市葛木）

にあったと伝える。

葛木県は大和六御県の一つ。六御県は、高市、十市《といち》、志貴（磯城）、山辺、曾布《そふ》（添）、そして葛木（城）。天皇家の直轄地だったらしく『延喜式』の祈年祭祝詞に載る。そして、六県にはそれぞれ御県神社があった。

片岡

「片岡《かたおか》」という古代地名があった。現在の北葛城郡王寺町、河合町、上牧町、広陵町と香芝市あたりを指す地名だったらしい。「傍《かた》岡《おか》」とも表記された。「傍《かたわら》の岡」、大和盆地からは見えない馬見丘陵の西半分より西側の大和を指したものか。葛下川流域地方と重なる。

『日本書紀』に、推古二十一年（六一三）十二月のこととして次のような記事がある。

聖徳太子は片岡に遊んだ。飢えた人が道ばたに倒れていた。姓名を尋ねたが返事がない。水と食べ物を与え、着ていた衣服をかけてやった。

翌日、様子を見に行かせた。使いは、「すでに死んでいました」と報告。太子は大変悲しみ、倒れていた場所に埋葬、土をつき固めて墓とした。

数日後、太子は「あの飢人は真人《ひじり》に違いない」と言い、見に行かせた。使者は「墓を開いてみると屍骨《かばね》がなくなっており、衣服をたたんで棺の上に置いてありました」と報告した。大使は衣服を取ってこさせた。そして、自ら身につけた。

人々は奇異に思い、「聖《ひじり》が聖を知る、と

いうのは本当なのだ」と恐れかしこんだ。

〈巻第二十二・推古天皇〉

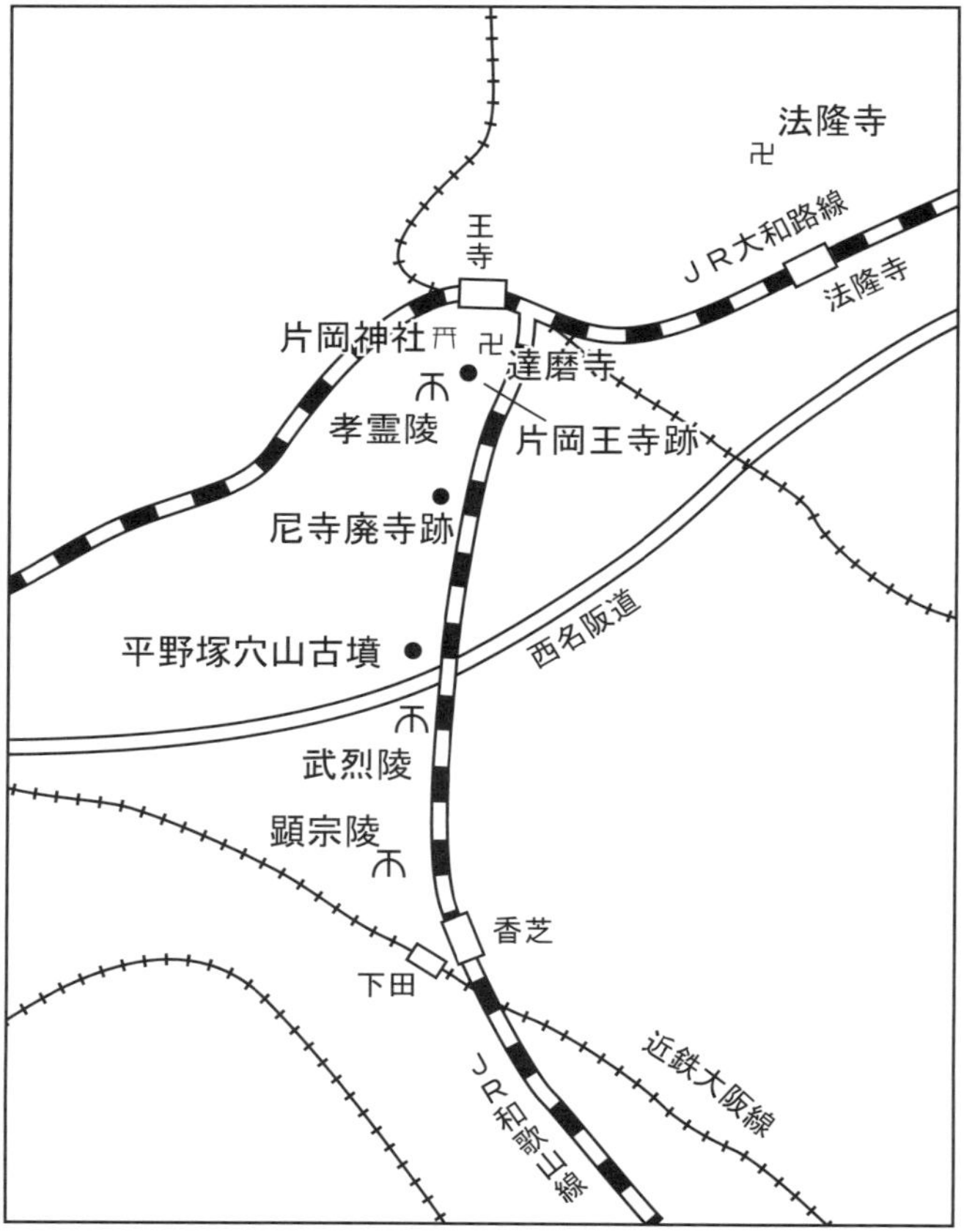

飢人のいたのは、法隆寺の西南約四キロの王寺町本町付近と伝承する。飢人は禅の開祖、達磨《だるま》大師だった、と伝える。同地には、達磨像を本尊として中世に建てられたらしい達磨寺がある。

達磨大師の墳墓が、現在の本堂の下にある、と伝承する。本堂の下には確かに古墳（達磨寺3号墳）がある。現在の本堂は平成十六年に建て替えられたものだが、古墳の墳丘の上に建つため見上げるばかりに高い位置にある。

達磨寺。本堂は古墳の上に建ち、見上げるばかりに高い位置にある（王寺町本町）

平成十四年（二〇〇二）の調査で、中世の本堂基壇に埋納されていた石塔が発見された。石塔は高さ七三・五センチで二上山の凝灰岩製。内側に土師質の合子《ごうす》に入れた水晶製の舎利容器が納められていた。舎利容器は五輪塔形式、石英質片岩のハート形舎利もあった。鎌倉時代末の十四世紀前半の遺物とみられて

境内にある聖徳太子の愛犬「雪丸」の像。王寺町のシンボルキャラクターにもなっている

いる。

達磨大師信仰、ひいては聖徳太子信仰の深さをいまに伝える発見ともいえた。

境内には、聖徳太子の愛犬と伝承する「雪丸」の石像もある。人の言葉が理解でき、お経も詠んだという。遺言で達磨寺境内に埋納したという。王寺町のマスコットキャラクターになっている。


達磨寺の西南方、国道168号をはさんですぐに、片岡王寺跡がある。現在の王寺小学校の敷地が伽藍の中心部だったらしい。明治二十年頃まで、小学校敷地内に基壇跡や礎石があったという。新羅系と考えられる素弁蓮華文軒丸瓦が出土しており、創建は飛鳥時代（七世紀前半）とされる。金堂、講堂、塔が一直

明治の頃まで片岡王寺の遺構があったと伝える王寺小学校

線に並ぶ四天王寺式の伽藍配置だったと推定されている。

平安時代の永承元年（一〇四六）に落雷のため金堂、回廊、南大門、経堂などを焼失したと伝えるが、大伽藍を誇った古代寺院であったことは疑いない。『放光寺古今縁起』によると、敏達天皇の第三皇女の片岡姫が片岡宮で仏教に帰依、天皇の許可を得て宮を寺としたのが始まりと伝える。片岡王寺は、王寺町の町名のもととなった。

伽藍推定地の西側の丘には片岡王寺の法灯を継ぐ放光寺と片岡神社があり、このあたりが「片岡」の中心地だったようだ。孝霊天皇の「片岡（丘）馬坂陵」は王寺町本町三丁目に治定されている。寺からは五〇〇メートル程しか離れていない。

片岡神社（王寺町本町）

なお、書紀で武烈《ぶれつ》天皇陵とされる「傍丘磐《かたおかのいわ》杯丘《つきのおか》北陵」は香芝市今泉に、顕宗《けんぞう》天皇陵とされる「傍丘磐杯丘南陵」は香芝市北今市に治定されている。香芝市中心部の西寄り丘陵地に一・五キロほど離れて立地するが、どうもどちらも古墳であるか疑問である。

㊤武烈天皇陵とされる「傍丘磐杯丘北稜」と㊦顕宗天皇陵とされる「傍丘磐杯丘南陵」（香芝市）

王寺町から香芝市北部にかける葛下川沿いは、葛城氏の同族の一つである葦田氏が本拠とした「葦田」の地と推測されることは「玉田（玉手）と葦田—葛城の範囲」編でも触れた。そこには片岡王寺と関係が深かったとみられる片岡尼寺《にんじ》の北遺構

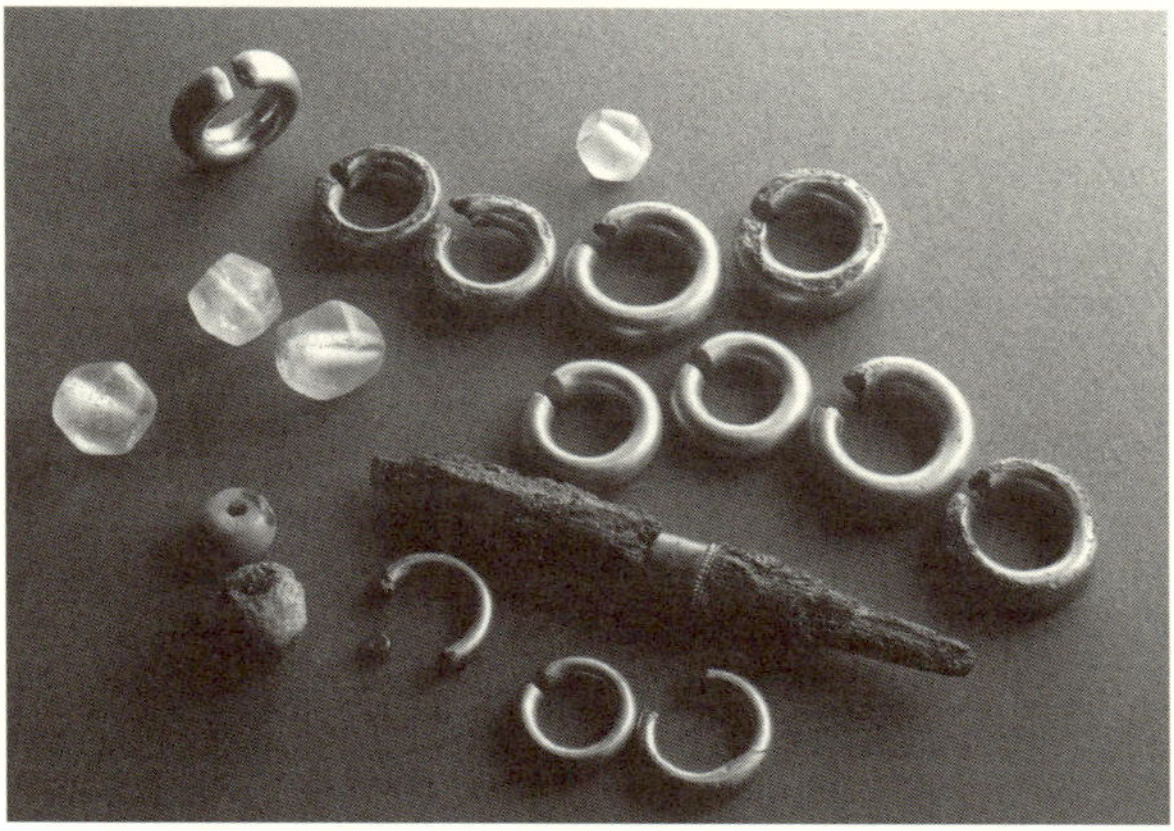

㊤片岡尼寺の北遺構（尼寺廃寺跡）。主要伽藍が復元整備されている（香芝市尼寺）
㊦尼寺廃寺（北遺構）の塔基壇跡から出土した舎利荘厳具（香芝市教育委員会提供）

（尼寺《にんじ》廃寺跡＝香芝市尼寺）がある。同廃寺跡からは平成七年（一九九五）に、巨大な地下式塔心礎が掘り出され大きな注目を集めた。心礎は一辺約三・八㍍の正方形、全国的にも最大級の大きさだった。柱座から耳環三、水晶玉四、ガラス玉三、刀子一の舎利荘厳具《しゃりしょうごんぐ》が出土した。

香芝市教育委員会の継続した発掘調査で、中心伽藍は東向きの法隆寺式だったことが判明した。北に金堂、南に塔、東に中門が取り付く回廊がめぐっていた。

なお、すぐ南にも尼寺廃寺南遺構がある。

西南八〇〇《メートル》程に国史跡の平野塚穴山古墳がある。一辺約一八《メートル》の版築工法を用いた方墳、二上山凝灰岩を用いた横穴式石槨《せっかく》が開口するが、壁面には漆喰《しっくい》が塗布され、明日香の高松塚古墳、キトラ古墳、マルコ山古墳などとそっくりだ。七世紀後半ごろに造られた終末期古墳とされる被葬者を、皇極《こうぎょく》（斉明《さいめい》）天皇と孝徳《こうとく》天皇の父にあたる茅渟《ちぬ》王の墓とみる説もある。

コラム
平野塚穴山古墳の謎

平野塚穴山古墳は香芝市平野、西名阪自動車道香芝インタの程近くにある。飛鳥の高松塚古墳やキトラ古墳、マルコ山古墳などとそっくりの凝灰岩製横口式石槨《せっかく》をもつ終末期古墳。石槨の内壁には漆喰《しっくい》が塗られ、床には凝灰岩の切石が敷き詰められている。また、組紐《くみひも》を芯に漆を塗り重ねた夾紵棺《きょうちょかん》と呼ばれる最高級の棺が納められていたことが明らかに

平野塚穴山古墳（香芝市平野）

なっている。〝まるで飛鳥〟なのである。

古墳は一辺約一八メートル、高さ四メートルほどの方墳。昭和四十七年（一九七二）、内部が乱掘にあい、橿原考古学研究所が緊急調査した。遺物は、夾紵棺の破片のほか、金環、玉類、須恵器の杯身などが出土している。七世紀後半の築造とみられる。国史跡。

被葬者について、香芝市在住の古代史学者の塚口義信氏（元堺女子短大学長）は、皇極《こうぎょく》（斉明《さいめい》）女帝と孝徳《こうとく》天皇の父にあたる茅渟王《ちぬ》と推理する。

『延喜式』によると茅渟王の墓は「片岡葦田墓《かたおかのあしだ》」とされる。つまり、片岡葦田にあるというのである。片岡と葦田は、「玉田（玉手）と葦田―葛城の範囲」編でみたように王寺町南部から上牧町、香芝市にかけての地域だったとみられる。この片岡葦田の地に、七世紀代、皇族や貴族クラスの人物の墓が築かれたという記録は「茅渟王の片岡葦田墓」以外になく、平野塚穴山古墳の被葬者は茅渟王以外に考えられない。これが塚口説である。

茅渟王の父は押坂彦人大兄皇子《おしさかのひこひと》。舒明《じょめい》天皇（田村皇子）はその子、つまり茅渟王とは兄弟となる。舒明天皇と皇極女帝の間に生まれたのが天智《てんち》天皇と天武《てんむ》天皇。飛鳥時代を背負った皇統といえる。塚口氏は、この皇統が桜井市忍阪の地に拠点をもつことが明らかなことなどから「忍坂王家」と呼ぶ。

コラム　平野塚穴山古墳の謎

「忍坂王家」は、広瀬郡百済の地に百済大井宮を造営、また、水派宮《みまたのみや》を営んだ。舒明天皇は即位後、百済宮《くだらのみや》と百済大寺《くだらのおおてら》を造った。さらに、彦人大兄皇子の「成相墓《なりあいぼ》」は広陵町三吉の牧野古墳との見方が有力。いずれも広陵町あたりの広瀬郡とその西方の馬見丘陵に比定できる。「忍坂王家」は平野塚穴山古墳の程近くに、もう一つの本拠をもっていたことがうかがい知れるのである。これも、平野塚穴山古墳を茅渟王の「片岡葦田墓」とする根拠である。

古墳の内部構造に、武寧王陵《ぶねいおう》など百済の陵山里古墳群の影響が認められるという。このため、百済系渡来人や百済王権との関係に注目する見方もある。

押坂彦人大兄皇子の「成相墓」の可能性が高い
牧野古墳（広陵町三吉）

周辺には七世紀後半〜末頃に築かれたらしい終末期古墳が六基あり（三基は消滅）、平野古墳群と呼ばれる。飛鳥からポツンと離れたこの地になぜ終末期古墳が集中してあるのかというだけでも謎は深いわけだが、古代王統譜の主流となる「忍坂王家」と百済系渡来人、あるいは百済王家とを結ぶ古墳ということになると、とてつもない古代史のキーポイントということになる。

逢坂《おうさか》・竹内《たけのうち》街道

北葛城郡を含む葛城地域は、西は大阪府と接する。古代においても、大和と河内・摂津を結ぶ交通の要衝だった。

王寺町から大和川の流れに沿う亀の瀬越、香芝市の田尻峠・関屋越え、穴虫峠越え、さらに葛城市（旧当麻町）の竹内峠越えなどがよく利用されたと考えられる。ほかに、葛城市（旧当麻町）の岩屋峠越え、平石峠越え、御所市の水越峠越えなどもあった。いまも、国道25号・165号・166号・309号・西名阪自動車

竹内峠

道、南阪奈自動車道、JR大和路線、近鉄大阪線、近鉄南大阪線などが東西に通じ、奈良と大阪を結んでいる。

履中《りちゅう》天皇紀によると、去来穂別《いざほわけ》太子（後の履中天皇）は、弟の住江仲《すみのえのなか》皇子の反乱で難波の宮殿を焼かれ、大和の石上《いそのかみ》に向かって逃走した。その行程描写によると、太子ら一行は埴生坂《はにゅうのさか》で、はるかかなたで燃える宮殿の火の手を見た、とされる。

太子ら一行はこの後、「大坂越え」に挑み、少女の忠告で、山の中に待ち伏せの兵が多くいることを知り、迂回して難を免れることができたというようなエピソードを載せる。

このあたりの『日本書紀』の記事は、摂津・河内と大和を結ぶ古代の重要な交通路についての情報を伝えるものとして注目されている。

埴生坂。野中寺南側の府道。小高い丘を越える
（大阪府羽曳野市）

逢坂・竹内峠

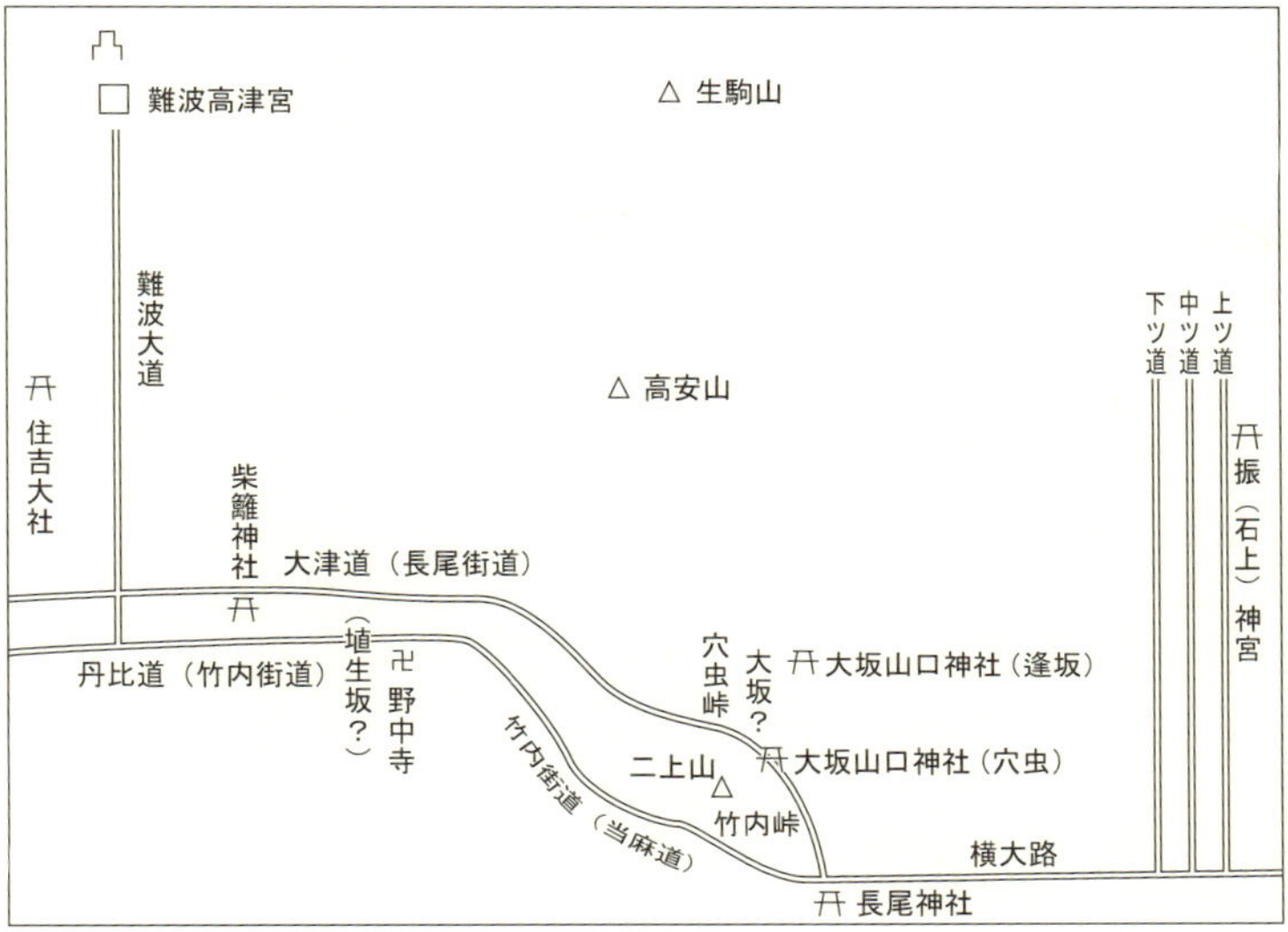

宮殿の燃える火の手を見たという埴生坂は、今の羽曳野市の野中寺《やちゅう》付近、羽曳野丘陵先端部の西側斜面あたりではないかと考えられている。上町台地の北端、大阪城付近にあったと考えられる難波の宮殿からは直線距離にして約一四、五キロ。宮を脱出した去来穂別らは難波大道を南進した後、大津道か丹比《たじひ》道を東進、羽曳野丘陵の高台に差しかかって、はるかかなたで燃える宮殿を見た、ということらしい。

難波大道は、『日本書紀』の推古天皇二十一年条に見える「難波より京に至るまで大道を置く」に当たるとみられる古代官道で、難波宮から上町台地をまっすぐ南に延びていたと考えられている。大阪市天王寺区には「大道町」の地名が残り、昭和五十五年

（一九八〇）には、堺市と松原市の境界付近にある大和川今池遺跡から道幅約一七メートルの遺構が発見されている。

一方、大津道（後の長尾街道）と丹比道《たじひみち》（後の竹内街道）は、この難波大道と直角に交差して河内を東西に結び、東は「竜田越え」「大坂越え」「当麻越え」などで大和（京）と結び、西は堺の港に通じていた。

「大坂越え」は、先に記した関屋峠や穴虫峠を越えるルートだったらしい。香芝市には大字穴虫と大字逢坂にそれぞれ大坂山口神社

㊤香芝市逢坂の大坂山口神社
㊦香芝市穴虫の大坂山口神社

がある。大阪に超える峠付近が広く逢坂（大坂）の地であったことがうかがえるわけだが、そもそも、大阪府の大阪（かつての大坂）の地名はこの香芝の逢坂（大坂）が元になったともいわれる。

長尾街道（大津道）は難波大道から直角に東進して逢坂を越え、羽曳野市、太子町を経て竹内峠を越えた竹内街道と、旧当麻町の長

㊤長尾神社㊦長尾神社の鳥居前からまっすぐ東に延びる横大路（竹内街道）の痕跡（葛城市長尾）

尾でいっしょになる。交差点には式内社とみられる長尾神社がある。

この長尾より東が横大路である。直線で藤原京に通じていた。大和平野を南北に結んでいた下ツ道、中ツ道、上ツ道と交差し、さらに東へ延びて初瀬街道となり、伊賀（三重県）、伊勢（同）、さらに東国へと通じていた。

南北に通じていた難波大道、東西に通じ河内と大和を結んでいた長尾街道と竹内街道、そして大和平野南部を東西に貫いていた横大路の古代幹線道路が、わが国の中枢部を走る、いわば国道1号線だった。

コラム　鹿島神社

香芝市の「香芝」は、鹿島神社の「鹿島」を元に造られた市名である。田園都市を想起させ、若々しい名前の香芝市は、交通手段に恵まれたこともあって、大阪のベッドタウンとして、どんどん住宅開発が進んでいる。

鹿島神社（香芝市下田西一丁目）は、香芝市の中心街、下田に、鎮座する。平安時代、常陸《ひたち》（茨城県）の鹿島社を勧請したのが始まり、と伝える。祭神は、建甕槌命《たけみかづちのみこと》。春日大社・興福寺と関係深く、興福寺荘園・平田庄の設置に伴う勧請だった、ともみられる。

鹿島神社（香芝市下田１丁目）

コラム 石園《い(わ)その》坐《にます》多《た》久《く》虫《むし》玉《たま》（多《た》久《く》豆《つ》玉《たま》）神社

大和高田市片塩町、近鉄高田市駅北側に鎮座する。祭神は建玉依彦命、建玉依姫命。『延喜式』神名帳の葛下郡に登場する「石園坐多久虫玉神社二座並大、月次新嘗」に当たるとされる。「多久虫玉」は「多久豆玉」の誤りとされるが、地元ではどちらかというと「豆」よりも「虫」、「多久虫玉神社」の呼称の方がよく通っている。「石園」についても「イソノ」と訓《よ》むべきだとの説もある。

かつて、高田川は当社のすぐ西側を北流、高

竜王宮

田の市街地を貫いて流れていた。つまり当社は高田川右岸に鎮座していた。

「射園《いその》神」あるいは「竜王宮」とも称する。「竜王宮」というのは、三輪山の大神神社は竜神の頭で、葛城市（旧北葛城郡当麻町）の長尾神社が尻尾、そして当社が胴体という俗信があったためらしい。

境内に「安寧《あんねい》天皇片塩浮孔宮《かたしおのうきあなのみや》跡」の石碑が建つ。安寧天皇は神武《じんむ》、綏靖《すいぜい》に続く第三代天皇。いわゆる「欠史八代」の一人であり、事績などはよく分からない。

大和高田市誕生前は、神社の北側一帯が磐園《いわその》村、南側一帯が浮孔《うきあな》村だった。いまも磯野、磐園小学校、浮孔小学校、浮孔駅などの名を残す。

二上山《ふたかみやま》と当麻寺《たいまでら》

壬申《じんしん》の乱（六七二年）を勝ち抜き、飛鳥に凱旋《がいせん》して律令国家体制の整備を進めた天武天皇には十七人の子があった。皇子だけで十人を数えた。うち、長子で壬申の乱での活躍のめざましかった高市皇子、皇后との間に生まれた草壁皇子、皇后の姉の大田皇女との間に生まれた大津皇子らが皇位継承の有力候補と目されていた。高市皇子には母親の出自の問題があり、草壁か大津かが、朝廷に潜在する大問題だった。

朱鳥元年（六八六）九月九日、天武天皇が亡くなった。天武の不安は、それから一カ月もたたぬうちに現実のものとなった。

殯宮《もがりのみや》が宮の南庭に設けられた。九月十一日から発哀《はつあい》（声を出して悲しみを表す儀式）が始まった。二十四日の発哀で、大津皇子が皇太子に謀反を企てた、と『日本書紀』は伝える。十月二日、大津皇子は逮捕された。翌日、大津は訳語田《おさだ》（桜井市戒重付近に推定地）の家で死を賜った。時に二十四歳だった。

『懐風藻《かいふうそう》』に大津皇子の漢詩の辞世がある。

金烏西舎《きんうせいしゃ》に臨み
鼓声短命《こせいたんめい》を催す

泉路賓主《せいろひんしゅ》なく
この夕家を離れて向ふ

『日本書紀』が「詩賦の興りは大津より始まる」と書くのもうなずける堂々たる詠みっぷりだ。

大津の才能は文筆に限ったことではなかった。書紀は「容姿はたくましく、ことば晴れやか。成人後は分別よく学才に優れ…」と伝える。『懐風藻』も「状貌魁梧《じょうぼうかいご》　器宇峻遠《きうしゅんえん》」。つまり、「身体はたくましく、気品が高い」と賛美する。

どうやら、能力も人望も、ライバル草壁の比ではなかったらしい。草壁にも、その母、持統にも大きな脅威だったのだろう。ここに大津皇子の悲劇を生んだ素地があり、事件は持統の仕組んだ冤罪《えんざい》だったとみる歴史家が多い。

大津には同母姉がいた。伊勢の斎王《さいおう》、大伯《おおく》皇女。『万葉集』は、美しく、悲しい二人の姉弟愛を伝える。

大伯は、弟の突然の死を悲しんだ。

うつそみの人にあるわれや明日よりは
二上山《ふたかみやま》を弟世《いろせ》とわが見む

「大津皇子の屍を葛城の二上山に移し葬った時」の歌、との注釈がある。「あすからは二上山を弟と思って眺めよう」。皇女の悲嘆は一三〇〇年の歳月を超えて人々の心を打ち続ける。

二上山

二上山は、当麻町と大阪府・太子町の境界にある。雄岳《おだけ》（五四〇㍍）と雌岳《めだけ》（四七四㍍）の二峰から成り、こんもりとまろやかな山容は、東の三輪山とともに大和をめぐる青垣山の中でもきわだって美しい。

トロイデ火山で、二上火山群の主峰だった。山から産するサヌカイトは石器の材料として広く全国的に用いられた。凝灰岩《ぎょうかいがん》は、主に古墳時代と飛鳥時代に墳墓の石棺や寺院の基壇化粧石などとして利用された。北麓の香芝町には、二万年ほど前の旧石器時代から始まる石器製作遺跡が広がり、古墳石材の石切場も何カ所か発見されている。研磨材に用いられる金剛砂《こんごうしゃ》を産し、露出した凝灰岩が造る奇勝の屯鶴峯《どんづるぼう》（県天然記念物）もある。

屯鶴峯（どんづるぼう）＝香芝市穴虫

登山道は何本も通じ、多くのハイカーらでにぎわう。雄岳の頂上まで三十分余り。頂上には平たん地があり、葛城二上神社と宮内庁が管理する大津皇子の墓がある。

登山口の一つ、葛城市（旧当麻町）染野で昭和五十八年（一九八三）、土取り作業中に一基の終末期古墳が発見された。雄岳から東に延びる尾根の南傾斜面に築かれた一辺七メートルほどの方墳で、凝灰岩の石槨《せっかく》があった。鳥谷口古墳と名付けられた。

「小さな石槨」が特徴的だった。内のりの長さが一・六メートル、幅五〇センチ。長辺部に棺を入れるのに用いたらしい入り口があったが、これも幅五〇センチばかり。調査した橿原考古学研究所の河上邦彦氏は、「成人を入れるのは不可能」と考えた。大伯皇女の歌の題詩に「二

鳥谷口古墳（葛城市染野）

上山に移し葬る」とあることに注目して、同古墳を大津皇子の本当の改葬墓とみる。

頂上の宮内庁指定墓か、あるいは鳥谷口古墳か。本当の大津皇子墓は果たしてどちらか分からないが、いずれにしても二上山と大津皇子は切り離せない。

二上山の二峰の間に沈む夕日は独特の感慨を呼ぶ。西方浄土信仰と結びついたのだろうか。西麓の「近つ飛鳥」（大阪府太子町）には聖徳太子や推古《すいこ》天皇らの陵墓が多数造られ、東麓には中将姫《ちゅうじょうひめ》伝説などに彩られ「浄土霊場」として信仰を集める当麻寺《たいま》（葛城市）が建立された。

当麻寺は、現在、葛城地方に残る最も大きな、歴史の深い寺院である。金堂（重文）、本堂＝曼荼羅堂＝（国宝）、東塔（国宝）、西塔（国宝）などの伽藍建造物が建ち並び、高野山真言宗と浄土宗の塔頭《たっちゅう》が十三院もある。本来は竹内

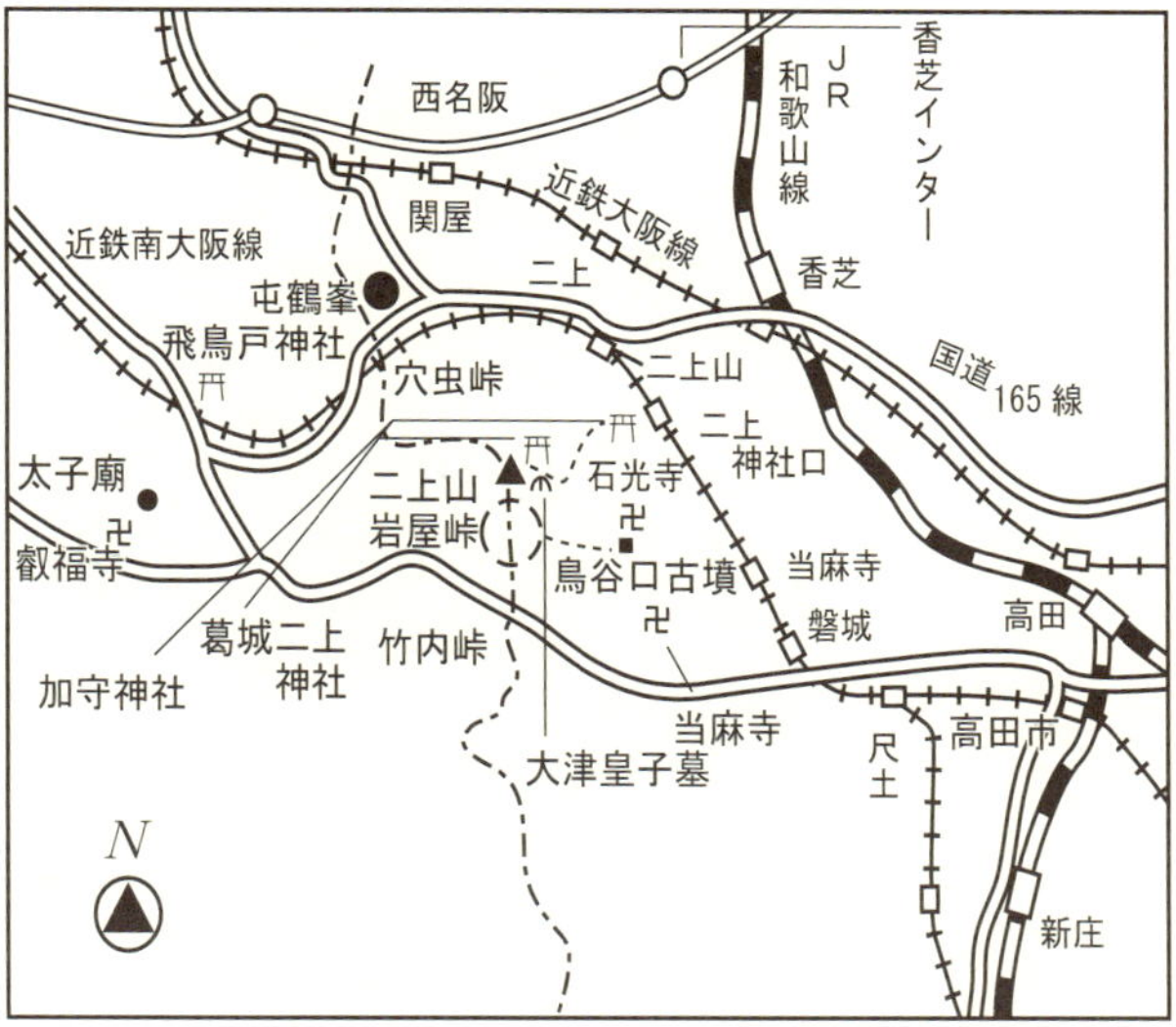

当麻寺

街道に向かって南面していた。
　寺蔵の『当麻曼荼羅《たいままんだら》縁起』によれば、天武天皇九年に着工し、同十三年に主要伽藍が完成した、と伝える。前身は聖徳太子の弟の麻呂子現王が二上山の西に建立した寺ともいう。飛鳥—奈良時代に活躍した当麻氏の氏寺ともいうが、当麻氏はもちろん葛城氏の一族である。

中将姫像（当麻寺境内）

　生きたまま成仏したという中将姫が織り上げたと伝承する綴織《つづれおり》当麻曼荼羅図（国宝）は〝浄土の霊場〟の中核をなす寺宝として伝えられ、説話の流布とともに、極楽浄土を求める多くの人々の信仰を集めてきた。
　中将姫が現身《うつしみ》のまま成仏したという伝承を劇のように再現するお練り（聖衆来迎練供養《じょうじゅうらいこうねりくよう》式）は毎年五月十四日にある。「スクイボトケ」の観音、「オガミボトケ」の勢至など二十五菩薩が中将姫像がある娑婆堂に向かって練り歩く。

コラム　石光寺

葛城市の旧当麻町染野にある石光寺（染寺《そめでら》）は、バックに二上山を背負い宝形《ほうぎょう》造りの本堂（弥勒《みろく》堂）をはじめ阿弥陀堂、客殿、鐘楼、庫裏などが並び建つ美しい寺である。

天智天皇の時代に、この地にあった光を放つ石に弥勒菩薩を彫り、これを本尊として建立されたと伝承する。『日本書紀』には登場しないが、南門前に白鳳《はくほう》期のものとみられる塔心礎が残り、塼仏や古瓦も出土、白鳳時代に創建された古代寺院であることは間違いな

伝承の寺・花の寺、二上山のふもとの石光寺（葛城市染野）

中将姫ゆかりの「染の井」と「糸掛桜」

石光寺の中将姫像

い。

平成三年（一九九一）に橿原考古学研究所と当麻町教育委員会が実施した発掘調査で、弥勒堂の地下から白鳳時代の石仏が出土、「光る石から彫った本堂の弥勒像か」と大きな注目を集めた。寺では、「白鳳時代の弥勒石仏」として弥勒堂に安置、毎年正月に一般公開している。

境内にはまた、奈良時代、当麻寺の中将姫が曼陀羅を織るための蓮糸を五色に染めたと伝承する井戸が残り、染めた蓮糸を乾かすためにかけたという「糸かけ桜」も伝わる。井戸は「染の井」、寺は「染寺」と呼ばれるようになったと伝える。

庭がよく手入れされている。寒ぼたん、寒ボケ、寒咲アヤメ、しだれ梅、万作、土佐みずき、ラッパ水仙、みつまた、玄海つつじ、春ぼたん、しゃくやくなどの珍しい花が次々と咲く「花の寺」である。

南門近くにある白鳳時代の塔心礎

コラム

腰折田《こしおれだ》

垂仁天皇七年秋七月、側近の一人が天皇に、

「当麻邑《たぎまのむら》に勇敢な人がいる。当摩蹶速《たぎまのけはや》という人は力が強く、『どこかに力持ちはいないだろうか。何とか強力な人に出会って生死をかけて力比べしたいものだ』と言っています」

と奏上した。

天皇は

「私は、当摩蹶速が天下の力持ちと聞いた。これに匹敵する者はいないものか」

と言った。

するお、別の一人が、

「出雲国に野見宿祢《のみのすくね》という勇士がいます」

コラム　腰折田

と報告し、力比べをさせることになった。二人は、互いに足を上げて蹴《け》とばし合い、激しく戦った。やがて、野見宿祢が蹶速のあばら骨を折り、腰の骨を踏み折って殺した。

負けた蹶速の土地はすべて野見宿祢のものになった。これが、その邑にある腰折田《こしおれだ》のいわれである。

〈巻第六・垂仁天皇〉

わが国最初の天覧相撲の記事である。相手のあばら骨や腰骨を踏み折って、殺してしまうというすさまじい勝負だった。当麻地方（いまの葛城市付近）と出雲の勢力の土地争いが背景にあった、との見方などがある。出雲というのは山陰の出雲なのか、あるいは大和のどこかだったのか、これについてもいろんな考え方があるが、いずれにしても出雲の野見宿祢が勝利、当摩蹶速が敗れた。

決戦の場は纒向《まきむく》の地だったとされる。山辺の道のポイントの一つ、穴師《あなし》の里（桜井市穴師）の兵主《ひょうず》神社へ登る参道脇に「カタヤケシ」の伝承地がある。小さなホコラが建ち、三〇〇平方メートルほどの広場に相撲の土俵が造られている。垂仁天皇の纒向日代宮《まきむくのひしろ》の伝承地も程近い。

一方、「腰折田」の伝承地は、江戸時代の『大和志』や『大和名所図会』が香芝市良福寺付近としてきた。地元では、最初の天覧相撲の行われたのもこの付近と信じている。

「カタヤケシ」の伝承地がある桜井市、それに敗れた当摩蹶速が居たと推測される葛城市（旧当麻町）、それに「腰折田」の伝承地がある香芝市がこぞって「相撲発祥の地」を喧伝している。

敗れて悔しい限りであるはずの葛城市には「相撲館けはや座」があり、香芝市では平成二十八年（二〇一六）三月、「相撲発祥の地宣言まつり・ふたかみ場所」と銘打って大相撲の巡業場所が催され

香芝市に建立された「腰折田伝承地」の碑（香芝市良福寺）

た。勝負に関係なく、日本人はやっぱり〝相撲好き〟ということか。

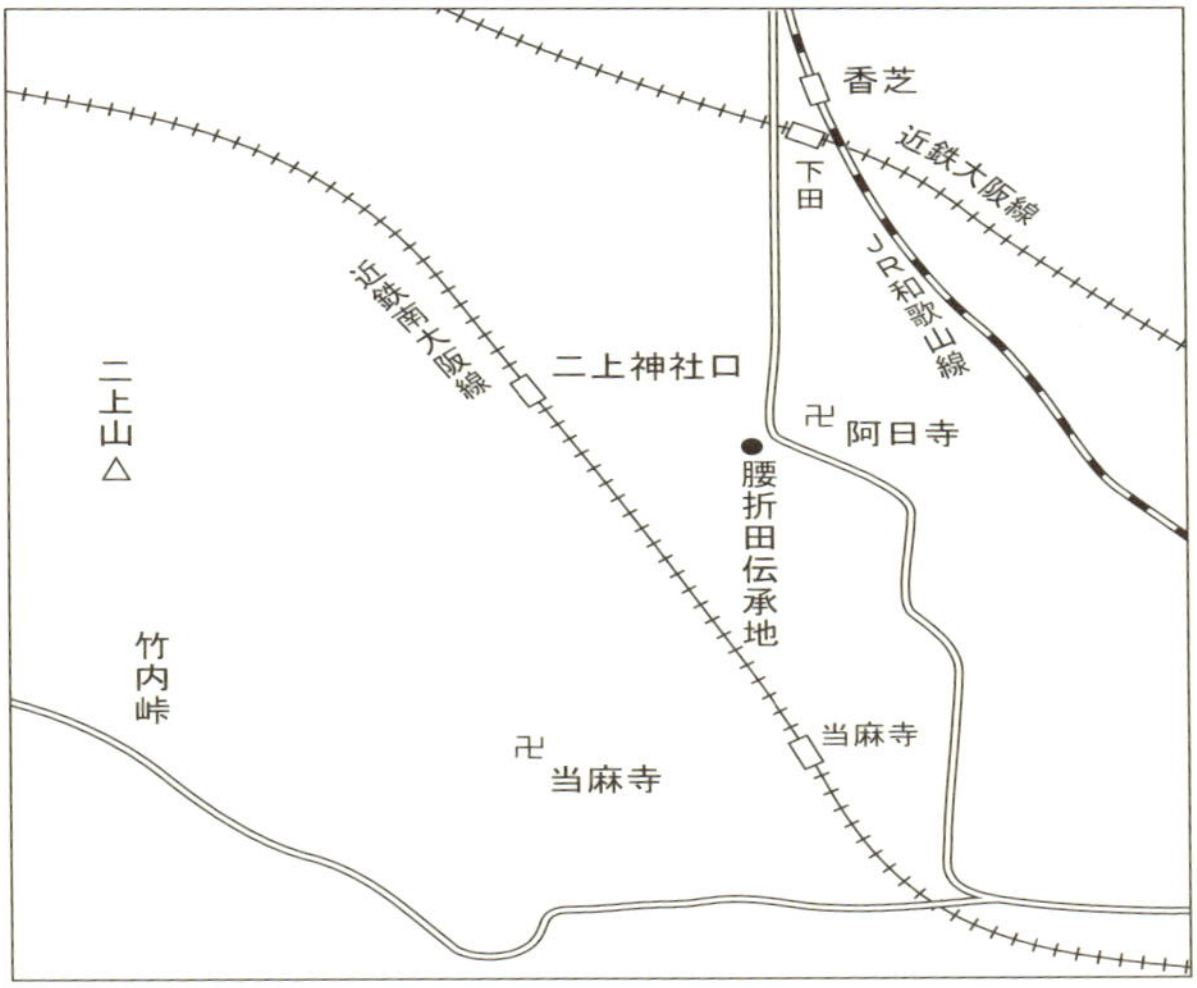

蹶速塚と「相撲館けはや座」（葛城市当麻）

掖上陂《わきがみのつつみ》

『日本書紀』の持統天皇二月五日条に、「天皇が腋上陂《わきがみのつつみ》に行幸され、官人たちの馬をご覧になった」という記事がある。

腋(掖)上陂はどこにあったのか、定説はないが、御所市室から御所町を経て北十三《じゅうそう》にかけて東北東に流れる葛城川の東岸堤防のことではないかとの見方が強い。堤防の南半分では、堤防上に国道24号が走る。

堤防はなぜ築かれたか。第一義的には洪水対策に違いない。金剛山と葛城山に降った雨

腋上《わきがみ》の陂《つつみ》？　葛城川の堤防

が一気に押し寄せるのを防ぐためのものだろう。

京奈和自動車道建設に伴って発掘調査された中西遺跡（御所市室）で出土した弥生時代前期の水田遺構（38ページ参照）は、厚さ一《メートル》を超える土砂の下から発掘された。大規模な洪水によって土石流に埋もれ、ポンペイの遺跡の如く、火山灰ならぬ洪水の土砂によって閉じ込められていたのである。

一面にわたって一《メートル》以上もの土砂を堆積させる洪水を引き起こした雨はすさまじい大雨だったに違いない。発掘地付近の地形は、南西から北西に向かってなだらかに傾斜しており、南西方向は、金剛山と葛城山の間の水越峠へ向かう谷を形成している。金剛・葛城山に降った雨が土石流となってこの谷を駆け下り、水田を総ナメ状態に埋めたらしい。

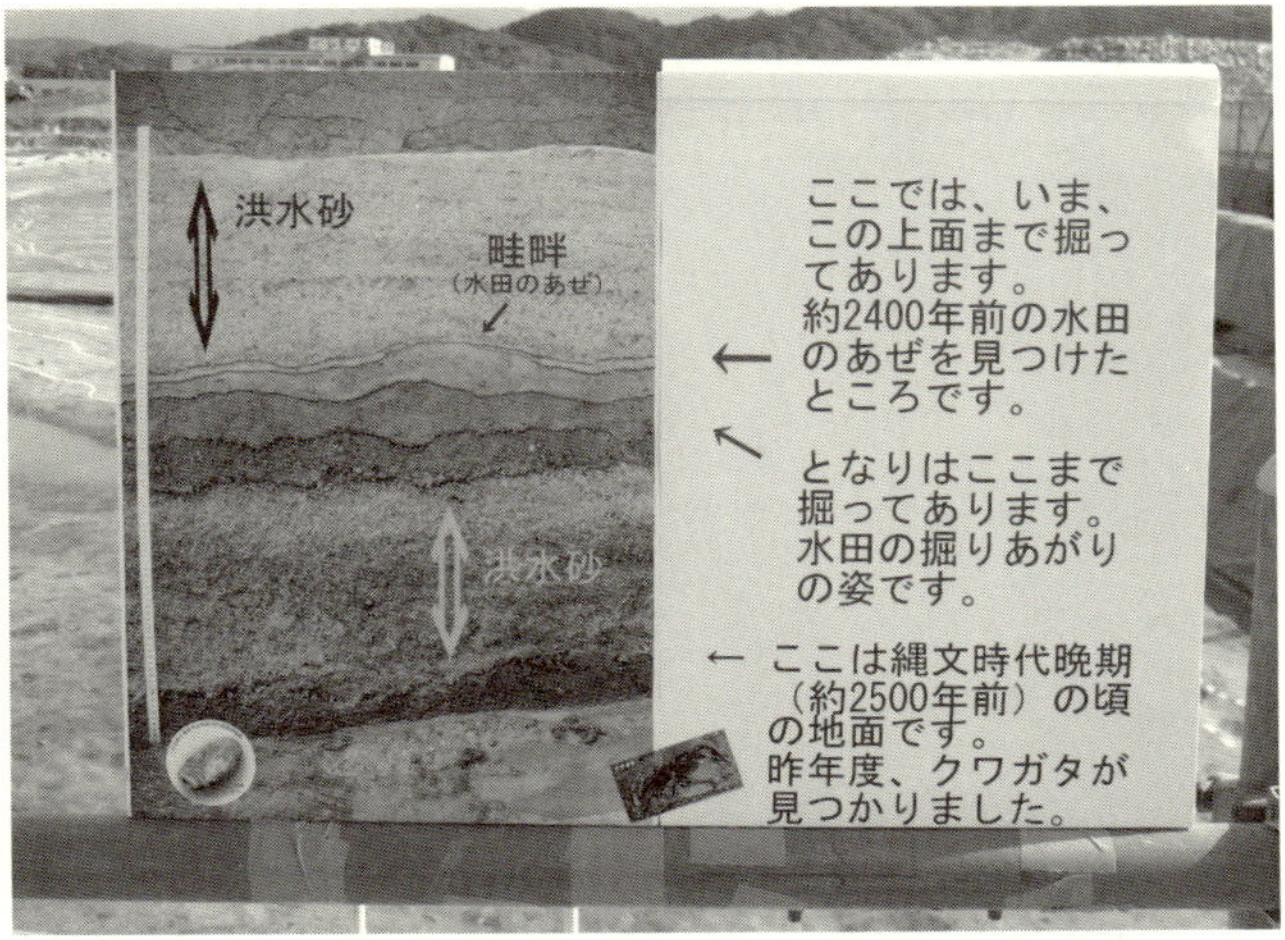

中西遺跡では、縄文時代晩期と弥生時代前期に、大洪水によって大量の土砂が堆積していた（橿原考古学研究所の現地説明会展示パネル、2011 年）

葛城地方では、江戸時代の元文五年

（一七四〇）に「御所流れ」と呼ばれる大洪水被害が伝えられる。葛城川と柳田川が決壊し、御所町千二百軒のうち七百軒が流され、三百人程の死者を出したとの記録がある。「水勢さかたつ山の如くまくれ走り」と書き伝えている。

葛城川は付け替えが行われて新しく誕生した川ではないか、と推測ができる。まず、いわゆる秋津平野の地形だ。自然地形は西から東へゆるやかに傾斜しており、東辺の山際が最も低くなっている。自然河川はおそらく、御所市玉手付近から東北に流れ、同市柏原付近で曽我川と合流していたものだろう。その痕跡も見い出せる。それに対して現在の葛城川は、平

葛城川は本来、御所市柏原付近を流れ、曽我川に合流していたのではなかろうか

野部の西辺の標高の高いところを流れており、いかにも不自然だ。おそらく、水田開発時に、東北方向に向かって流れていた幾筋もの流れをまとめて付け替えが行われたものらしい。

腋上陂かもしれない葛城川右岸（東岸）堤防の下（東側）に蛇穴《さらき》の集落がある。また、集落の西寄りに野口神社がある。

サラキは蛇がトグロを巻き穴を作るようなようすをいうという。サラケ、またはサラゲとも訓まれるらしい。皿にも通じる。

野口神社の神体は竜とされる。毎年五月五日の野口祭では、稲ワラで作った約一〇メートルもある蛇体をかついでムラ中を巡る。かつては、三斗三升三合の味噌でワカメの味噌汁をつくり、悪魔退散を願って参詣者に掛けたという。「汁掛け祭り」とも呼ばれた。

野口神社の蛇塚。稲ワラで作った蛇体は約10メートル、5月5日にムラ中を巡った（御所市蛇穴）

『野口大明神縁起』には、茨田連《まんだのむらじ》の子孫が河内からこの地に移動して蛇穴のムラを造ったと記している。

仁徳天皇紀には、西の海（大阪湾）に排水する「堀江」と北の河からの浸水を防ぐ「茨田堤《まんだのつつみ》」を築いたという記事がある。河内湖（河内潟）の名残を色濃くとどめ、沼沢地や湿原が広がっていたとみられる河内平野の治水対策だったらしい。当時、同平野には淀川と大和川が注ぎ込んでいた。長雨が続くと、排水が悪いため田圃や道路は水浸しになり、海から潮が逆流してくる状態だったという。

茨田堤の築堤工事は難工事で、築いてもすぐ崩れ、いわゆる人柱を捧げてやっと完成に

茨田堤跡（大阪府門真市）

こぎつけたという。茨田連衫子《まんだのむらじころものこ》も人柱にされるところだったが、「河の神」をたぶらかす知恵を働かせ、身を滅ぼすことなく工事は完成した、というエピソードなども伝える。

茨田堤の全容は明らかではないが、大阪府門真市宮野町には堤防の一部らしい土の高まりが残り、国の史跡に指定されている。

掖上陂と茨田堤は、古代の治水対策として正史にも記載された二つの大土木工事だったらしい。そして、その二つの土木工事は茨田連を介してつながるのである。

役小角《えんのおづぬ》の吉祥草寺と刀良売《とらめ》の蓮取り池

御所市茅原《ちはら》に本修験宗総本山の吉祥草寺《きっしょうそうじ》がある。修験道の開祖、役小角《えんのおづぬ》(役行者)の生誕地に建ち、役小角の創建と伝える。毎年一月十四日に執行される大とんどは飛鳥時代から続くといわれる伝統行事。茅原、玉手の両地区民の奉仕によって、本堂前に円錐形の大松明《たいまつ》二基が造られ、午後七時過ぎ点火、夜空を真っ赤に染め上げる。

役行者の生誕地に建つと伝える吉祥草寺(御所市茅原)

銭谷武平氏の『役行者ものがたり』(人文書院)によると、次のような行者の伝記を伝える。

茅原《ちはら》村の賀茂氏の家にしっかりものの美しい娘、都良女《とらめ》がいた。年頃になって、出雲の国の賀茂氏の領地にいた青年を婿に迎えたが、なかなか子供に恵まれなかった。葛木の山の神にいい子が授かるように願をかけ祈っていたところ、ある春の夜、キラキラと金色に輝く金剛杵《こんごうしょ》が眠っている都良女の口の中に入り懐妊、生まれた子が小角だった。

小角はやがて、毎日のように、金剛・葛城の山々や生駒山に登ったり、滝に打たれたりするようになった。小角にとって金剛や葛城の山は箕面や吉野・熊野で本格的な修験道の修行を積む前のトレーニングの場となった。

『日本書紀』に役小角の記事はない。『続日本紀』の文武天皇三年（六九九）条に「役の行者小角を伊豆嶋に配流した」という記事が登場する。

同記事によると、小角は葛木山に住み、呪術をよく使うことで有名であった。韓国連《からくにのむらじ》広足《ひろたり》の師匠でもあったが。広足によって、小角の能力が悪いことに使われ人々を惑わす、と讒言されて配流となった。

世間の人々は、小角は鬼神を思うままに使役して、水を汲んだり薪を採らせたりした、もし命じたことに従わない場合は呪術で縛って動けないようにした、などと言い合った。とも伝える。

小角は、葛城山と吉野・金剛山との間に橋を架けようとした、との伝承がある。この際、顔が醜かったので夜間だけ工事に出ていた一言主神を怒り呪縛した、というような伝えもある。さらに、小角は海の上を陸地のように走り、天に飛び去ったというような伝承も。常識的にはとうてい信じられない伝説の人物なのである。大峰山を開き、修験道の開祖となった。山岳信仰はもちろんのこと、登山のパイオニアでもある。

葛城出身者は多彩だ。

吉祥草寺から北へ約三キロ、南北に通じていた古代葛上道に沿って、小角の生母、刀良《とら》売《め》（都良女のこと）の出身地だったとされる奥田の集落があり、刀良売像を祀る行者堂がある。

由緒記には、「天武天皇の白鳳三年に小角が開基した」と伝える。正しくは蓮地山福田《ふくでん》寺と称する。

奥田集落東北に捨《すて》篠《しの》池《いけ》がある。毎年七月

行者堂（福田寺）＝大和高田市奥田

七日、この池から採取した蓮が吉野山金峯山寺（吉野町吉野山）の蔵王堂で行われる蓮華会《れんげえ》に供えられる。

　捨篠池の蓮取りは、勇ましい法螺貝《ほらがい》の合図で舟に乗った山伏（修験者）らによって古式豊かに行われ、刀良売の墓への献花や護摩法要も

毎年７月７日に行われる蓮取り行事
（大和高田市奥田の蓮池公園に掲示された案内板より）

捨篠池（蓮取池）

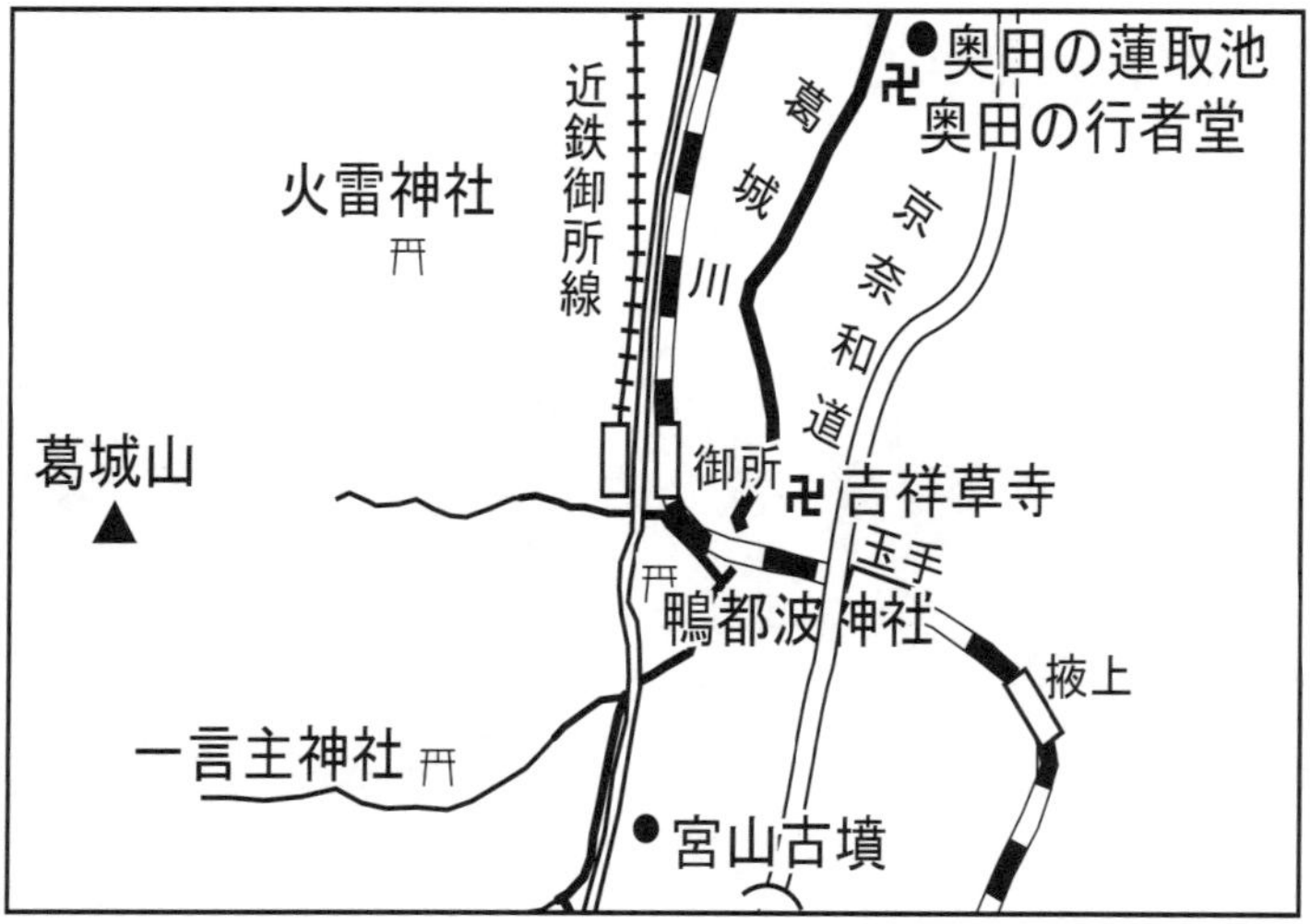

まれる。摘み取る蓮花は一八〇本。修験者一行は吉野山で蓮華会と「蛙とび行事」に参加した後、蓮花を大峰山頂の祠《ほこら》に供える。これらの行事は七〇〇年以上も続けられ、奥田の蓮が修験道や金峯山寺にとっていかに欠くことのできない重要なものであるかが理解できる。

蓮花を取る地を「捨篠《すてしの》の池《いけ》」と称するようになった由縁にまつわる次のような民話が伝わる。

病気療養中だった刀良売が夏のある日、池の中に白い蓮花が咲き、金色の蛙《かえる》がいるのに気付いた。何げなく、一本の篠萱《しのかや》を投げつけると、蛙の目に命中、元の土色の蛙に戻ってしまった。以来、この池の蛙は「一つ目」といわれている。

刀良売は病気が重くなり、四十二歳で亡くなった。母を亡くした小角は修験道修行に精進し、蔵王権現を崇め、蛙の追善供養も行った——。

【著者】

靍井　忠義（つるい・ただよし）

1949年生まれ。奈良新聞文化記者、取締役編集局長などを経て、現在、青垣出版代表取締役、倭の国書房代表。奈良の古代文化研究会主宰。日本ペンクラブ会員。
著書に『探訪 日本書紀の大和』（雄山閣出版）、『奈良を知る　日本書紀の山辺道《やまのへのみち》』（青垣出版）、『奈良を知る　日本書紀の飛鳥』（青垣出版）、『奈良の古代文化②　斉明女帝と狂心渠《たぶれごころのみぞ》』（青垣出版）、『日本書紀を歩く②悲劇の皇子たち』（青垣出版）など。

日本書紀を歩く②　葛城の神話と考古学

2018年　4月　5日　初版印刷
2018年　4月18日　初版発行

著者　靍　井　忠　義

発行所　有限会社　青　垣　出　版
〒636-0246 奈良県磯城郡田原本町千代３８７の6
電話 0744-34-3838 Fax 0744-47-4625
e-mail　wanokuni@nifty.com
http: //book.geocities.jp/aogaki_wanokuni/index.html

発売元　株式会社　星　雲　社
〒112-0005 東京都文京区水道１－３－３０
電話 03-3868-3270 Fax 03-3868-6588

印刷所　株式会社　ＴＯＰ印刷

printed in Japan　ISBN978-4-434-24501-5

青垣出版の本

奈良を知る

ISBN978-4-434-13771-6

日本書紀の山辺道《やまのへのみち》

靏井 忠義著

三輪、纒向、布留…。初期ヤマト王権発祥の地の神話と考古学。

四六判１６８ページ　本体１，２００円

奈良を知る

ISBN978-4-434-15561-1

日本書紀の飛鳥

靏井 忠義著

６・７世紀の古代史の舞台は飛鳥にあった。飛鳥カイド本の決定版。

四六判２８４ページ　本体１，６００円

奈良の古代文化①

ISBN978-4-434-15034-0

纒向遺跡と桜井茶臼山古墳

奈良の古代文化研究会編

大型建物跡と２００キロの水銀朱。大量の東海系土器。初期ヤマト王権の謎を秘める２遺跡を徹底解説。

Ａ５変形判１６８ページ　本体１，２００円

奈良の古代文化②

ISBN978-4-434-16686-0

斉明女帝と狂心渠《たぶれごころのみぞ》

靏井 忠義著
奈良の古代文化研究会編

「狂乱の斉明朝」は「若さあふれる建設の時代」だった。百済大寺、亀形石造物、牽牛子塚の謎にも迫る。

Ａ５判変形１７８ページ　本体１，２００円

奈良の古代文化③

ISBN987-4-434-17228-1

論考 邪馬台国＆ヤマト王権

奈良の古代文化研究会編

「箸墓は鏡と剣」など、日本国家の起源にまつわる５編を収載。

Ａ５判変形１８４ページ　本体１，２００円

奈良の古代文化④

ISBN978-4-434-20227-8

天文で解ける箸墓古墳の謎

豆板 敏男著
奈良の古代文化研究会編

箸墓古墳の位置、向き、大きさ、形、そして被葬者。すべての謎を解く鍵は星空にあった。日・月・星の天文にあった。

Ａ５判変形２１５ページ　本体１，３００円

奈良の古代文化⑤

ISBN978-4-434-20620-7

記紀万葉歌の大和川

松本 武夫著
奈良の古代文化研究会編

古代大和を育んだ母なる川―大和川（泊瀬川、曽我川、佐保川、富雄川、布留川、倉橋川、飛鳥川、臣勢川…）の歌謡（うた）。

Ａ５判変形１７８ページ　本体１，２００円

青垣出版の本

宝賀 寿男著　　古代氏族の研究シリーズ

①和珥氏―中国江南から来た海神族の流れ
ISBN978-4-434-16411-8
大和盆地北部、近江を拠点に、春日、粟田、大宅などに分流。
Ａ５判１４６ページ　本体1,２００円

②葛城氏―武内宿祢後裔の宗族
ISBN978-4-434-17093-5
大和葛城地方を本拠とした大氏族。山城の加茂氏、東海の尾張氏も一族。
Ａ５判１３８ページ　本体1,２００円

③阿倍氏―四道将軍の後裔たち
ISBN978-4-434-17675-3
北陸道に派遣され、埼玉稲荷山古墳鉄剣銘にも名が見える大彦命を祖とする大氏族。
Ａ５判１４６ページ　本体1,２００円

④大伴氏―列島原住民の流れを汲む名流武門
ISBN978-4-434-18341-6
神話の時代から登場する名流武門のルーツと末裔。金村、旅人、家持ら多彩な人材を輩出。
Ａ５判１６８ページ　本体1,２００円

⑤中臣氏―卜占を担った古代占部の後裔
ISBN978-4-434-19116-9
大化改新（645年）で中臣鎌足が藤原の姓を賜って以来、一族は政治・文化の中枢を占め続けた。
Ａ５判１７８ページ　本体1,２００円

⑥息長氏―大王を輩出した鍛冶氏族
ISBN978-4-434-19823-6
雄略、天智、天武ら古代史の英雄はなぜか、息長氏につながる。「もう一つの皇統譜」の謎に迫る。
Ａ５判２１２ページ　本体1,４００円

⑦三輪氏―大物主神の祭祀者
ISBN978-4-434-20825-6
奈良盆地東南部の磯城地方を本拠に、三輪山を祭祀。大物主神の後裔氏族とされる。
Ａ５判２０６ページ　本体1,３００円

⑧物部氏―剣神奉斎の軍事大族
ISBN978-4-434-21768-5
ニギハヤヒノミコトを祖神とし、神武東征以前に河内の哮峰《いかるがみね》に天磐船《あまのいわふね》で降臨したと伝承。
Ａ５判２６４ページ　本体1,６００円

⑨吉備氏―桃太郎伝承をもつ地方大族
ISBN978-4-434-22657-1
吉備地方（岡山県・広島県）に大勢力を誇った古代の地方大族。大和王権とは強い関り。
Ａ５判２３６ページ　本体1,４００円

⑩紀氏・平群氏―韓地・征夷で活躍の大族
ISBN978-4-434-23368-5
シリーズ10冊目。紀伊（和歌山県）を本拠とした紀氏と大和の平群氏を同族とみなす。
Ａ５判２２６ページ　本体1,４００円

⑪秦氏・漢氏―渡来系の二大雄族
ISBN978-4-434-24020-1
秦氏は京都・太秦を拠点に秦河勝らが活躍。東漢氏は飛鳥の桧隅を拠点に、飛鳥文化を醸成。
Ａ５判２５８ページ　本体1,６００円